Diercke
Spezial

Russland

und die asiatischen Nachfolgestaaten der Sowjetunion

Autoren:
Frank Morgeneyer
Rainer Starke
Winfried Waldeck

westermann

Ⓩ **Zusatzaufgaben**
Die Aufgaben festigen das vorhandene Wissen und können
zusätzlich zu den vorangehenden Aufgaben bearbeitet
werden.

Statt des offiziellen Namens Russische Föderation wird in
diesem Band die Kurzform Russland verwendet.

Die von Russland seit 2014 kontrollierte Krim wurde bei
Flächenangaben, Einwohnerzahlen, Statistiken etc. nicht
berücksichtigt.

Titelbild: Arbeiter auf einem Bohrturm im Priobskoye-Ölfeld
in der Nähe von Chanty Mansisk (Westsibirien).

Auf verschiedenen Seiten dieses Buches befinden sich Verweise (Links) auf externe Internet-Adressen.
Haftungshinweis: Trotz sorgfältiger inhaltlicher Kontrolle wird die Haftung für die Inhalte der
externen Seiten ausgeschlossen. Für den Inhalt dieser externen Seiten sind ausschließlich deren
Betreiber verantwortlich. Sollten Sie bei dem angegebenen Inhalt des Anbieters dieser Seite auf
kostenpflichtige, illegale oder anstößige Inhalte treffen, so bedauern wir dies ausdrücklich
und bitten Sie, uns umgehend per E-Mail unter www.westermann.de davon in Kenntnis zu setzen,
damit beim Nachdruck der Verweis gelöscht wird.

© 2015 Bildungshaus Schulbuchverlage
Westermann Schroedel Diesterweg Schöningh Winklers GmbH, Braunschweig
www.westermann.de

Druck A¹ / Jahr 2015
Alle Drucke der Serie A sind im Unterricht parallel verwendbar.

Redaktion: Thilo Girndt
Druck und Bindung: westermann druck GmbH, Braunschweig

ISBN 978-3-14-**151103**-1

Inhaltsverzeichnis

In einer Meinungsumfrage des unabhängigen Moskauer Yuri Levada Analytical Centers wurde im März 2015 repräsentativ gefragt, ob Russland eine Supermacht sei. 19 Prozent der befragten Russen waren sich dessen absolut sicher, 49 Prozent antworteten immerhin mit „eher ja". Nur drei Prozent meinten, Russland sei sicher keine Supermacht. Die höchste Zustimmung in dieser Frage seit mehr als 15 Jahren spiegelt sicherlich subjektives Wunschdenken wider – angefacht durch die heimische Berichterstattung über Krim-Besetzung, Ukraine-Krise und westliche Wirtschaftssanktionen. Doch ist Russland objektiv betrachtet tatsächlich wieder bzw. noch eine Weltmacht oder gar Supermacht? Als wichtigster Nachfolgestaat der früheren Sowjetunion übt es politischen, militärischen und wirtschaftlichen Druck auf die ehemaligen, heute unabhängigen Sowjetrepubliken aus. Außerdem besitzt es als einziger Nachfolgestaat ein großes Arsenal an Atomwaffen und einen Sitz als ständiges Mitglied im UNO-Sicherheitsrat. Die Wirtschaftskraft Russlands ist hingegen vergleichsweise gering und beruht weitgehend auf Erdöl- und -gasverkäufen. Die USA – der alte Gegner des Kalten Krieges und heute weltpolitisch wichtigster Akteur – ist auch wirtschaftlich weit enteilt. Einziger politischer und wirtschaftlicher Herausforderer der Vereinigten Staaten ist heute China. Russlands asiatischer Nachbar hat seinen Einflussbereich längst auch nach Zentralasien und Sibirien verschoben.

Gliederung des Bandes

Der vorliegende Themenband stellt Russland in den Mittelpunkt der Betrachtungen. In allen Kapiteln wird aber auch auf die asiatischen Nachfolgestaaten der Sowjetunion exemplarisch eingegangen. Auf diese Weise entsteht ein differenziertes Gesamtbild des Großraums.

- Im ersten Kapitel werden die Dimensionen, die Geschichte und der Naturraum Russlands betrachtet. Dazu kommen die Probleme der Erschließung und ein kritischer Blick auf die Arktis.
- Im zweiten Kapitel geht es nicht nur um die Bevölkerung, ihre ethnische Zusammensetzung und ihre Entwicklung, sondern auch um räumliche Disparitäten und Stadtentwicklung.
- Im dritten Kapitel stehen die scheinbar unermesslichen Ressourcen Russlands im Fokus. Dabei werden insbesondere die Möglichkeiten einer nachhaltigen Entwicklung erörtert.
- Im vierten Kapitel wird die Transformation von der Zentralverwaltungs- zur Marktwirtschaft analysiert. Gegliedert ist dieses Kapitel nach den drei klassischen Wirtschaftssektoren.

Zur Konzeption der Reihe

Das vorliegende Konzept der Reihe Diercke Spezial stellt das selbstständige, problemorientierte Arbeiten und Lernen in den Vordergrund. Erklärende Autorentexte treten in diesem Konzept hingegen weitgehend zurück. Fertige Antworten wird man vergebens suchen. Es werden eine Vielzahl von Materialien wie Grafiken, Karten, Diagramme und Textquellen eingesetzt. So wird nicht nur Fachwissen vermittelt und räumliche Orientierung ermöglicht, sondern auch Methodenkompetenz angebahnt, Kommunikation angeregt und Beurteilungsfähigkeit gefördert. Jedes Kapitel enthält vier Elemente: Eine erste Doppelseite führt in das Thema ein und wirft wichtige Fragen auf. Die folgenden doppelseitigen, aufgabengeleiteten Arbeitsseiten beginnen jeweils mit einer kurzen Einleitung in die Thematik und der Problematisierung. Die Erschließung des Themas ist an die Bearbeitung der Aufgaben gebunden, die mithilfe der Materialien dann in der Regel individuell oder kooperativ erfolgt. Das Differenzierungskonzept sieht vor, dass ein Teil der Aufgaben auf alternativen Lösungswegen gelöst werden kann. Das Klausurtraining am Ende des Kapitels verbindet zwei Funktionen: die Vorbereitung und das Üben von Klausuren sowie die Bearbeitung eines methodischen Schwerpunkts. Schließlich wird auf der jeweils letzten Seite das Kapitel inhaltlich zusammengefasst. Zur Eigenkontrolle kann das Gelernte mittels eines Kompetenzchecks mit den Unterrichtszielen abgeglichen werden. Hinweise auf weiterführende Literatur und Internetangebote runden das Angebot ab. Mithilfe dieser Konzeption wird angestrebt, dass das Heftthema selbstständig im Sinne des entdeckenden Lernens erschlossen wird.

1 RUSSLAND IM ÜBERBLICK

1.1 Von Sankt Petersburg nach Wladiwostok

Russland ist ein Land der Vielfalt. Wenn man die europäisch geprägten Städte Sankt Petersburg und Moskau verlässt, wird diese Vielfalt bei einer Fahrt mit der Transsibirischen Eisenbahn an die Ostküste nach Wladiwostok sichtbar. In Russland liegt mit der Taiga das größte zusammenhängende Waldgebiet der Erde, doppelt so groß wie der Amazonas-Regenwald. Hinzu kommen die Weiten der Steppe und der Tundra. Moskau ist weit und so müssen die meisten Menschen seit Jahrhunderten ihr Leben selbst in die Hand nehmen. Sie kämpfen gegen die klimatischen Bedingungen an, kaufen mancherorts Milch nicht in Litern, sondern gefroren per Zentimeter. Unterschiedlichste Ethnien und Religionen kommen zusammen. Wo die reichlich vorhandenen Bodenschätze gefördert werden, zeigt in den dortigen Städten das moderne Russland sein Gesicht.

Nowy Urengoi

Im Dorf Urengoi (russ. „abgelegen/verschlafen") war es mit der Verschlafenheit vorbei, als dort 1966 das erste Gasfeld erschlossen wurde. Die Bevölkerung der 1973 neu gegründeten Stadt Nowy Urengoi wuchs schnell auf heute über 100 000 Einwohner heran. Nowy Urengoi gilt als eines der wichtigsten Erdgasfördergebiete Russlands.

Kreml

Der Kreml ist der älteste Teil der russischen Hauptstadt Moskau. Ursprünglich war er eine Burg an der Moskwa. Der Befestigungskomplex besteht aus einer 2235 m langen, 5 bis 19 m hohen und 3,5 m dicken roten Backsteinmauer mit 20 Türmen. Im Innern dieses Ringes befinden sich Paläste, Kirchen und Verwaltungseinrichtungen. Der Kreml war die Residenz der Zaren, heute ist er Sitz des russischen Präsidenten.

Kloster Tsminda Sameba

Im Spätsommer klettern Tausende von Wallfahrern im Schatten des Kasbek, eines der höchsten Berge des Kaukasus, bei der Bergstadt Stepanzminda zum Kloster, um den höchsten Feiertag der orthodoxen Kirche „Maria Entschlafung" zu begehen. Fast jede Familie opfert einen Hammel. Heidnische und christliche Rituale vermischen sich hier seit der frühen Christianisierung.

Aralsee

Der Aralsee steht für eine der größten durch den Menschen verursachten Umweltkatastrophen. Einst war er mit 68 000 km² der viertgrößte See der Welt. Seit den 1960er-Jahren wurden die Zuflüsse zunehmend zur Bewässerung riesiger Anbauflächen für Baumwolle genutzt. Heute ist der See weitgehend ausgetrocknet.

Königsberg
Estland
Lettland
Litauen
St. Petersburg
Weiß-russland
Archangelsk

Osteuropäisches Tiefland

Moskau
Kasan
Jekaterinburg
Wolga
Wolgograd
Ural
Ob
Irtysch

Ural
Taiga
Nowy Urengoi

Westsibirisches Tiefland

Kaukasus
Grosnij
Georgien
Kaspi-
Armenien
Aserbaid-schan
sches
Meer
Aralsee

Transsib
Omsk
Nowosibirsk
Barnaul
Altai

Kasachstan

Kasachische Schwelle
Balchaschsee

Turkmenistan
Usbekistan
Kirgisistan
Tadschikistan

China

0   250   500   750 km

© westermann 23177E

Norilsk

300 km nördlich des Polarkreises gelegen, gilt Norilsk (180 000 Einwohner) als die nördlichste Großstadt der Erde. Die Stadt wurde 1935 zur Verhüttung der Nickelvorkommen gegründet. Auch Kupfer, Kobalt, Platin und Steinkohle werden heute abgebaut. Seit vielen Jahren gehört Norilsk zu den zehn schmutzigsten Orten der Welt. Jährlich werden über zwei Millionen Tonnen Schadstoffe in die Luft ausgestoßen.

Arktis

Das arktische Meereis schwindet und die polare Eiskappe nimmt an Masse ab. Ganze Gletscherfronten kalben. Durch die globale Klimaerwärmung werden für Russland die bisher unter einem Eispanzer liegenden Rohstoffe erschließbar. Der Transport der Rohstoffe ist über das dann eisfreie Nordpolarmeer möglich. Entsprechend sieht Russland die Arktis als wirtschaftlichen Reserveraum an und macht Gebietsansprüche geltend.

Oimjakon

Oimjakon heißt in der Sprache der Jakuten „heiße Quelle". Dabei gilt der Ort, 680 km nordöstlich von Jakutsk im Hochland von Oimjakon (675 m) gelegen, als Kältepol der bewohnten Gebiete der Erde. Am 6.2.1933 wurden hier -67 °C gemessen. Wasser wird durch Schmelzen von Eisblöcken aus dem Fluss gewonnen.

Transsibirische Eisenbahn (Transsib)

Die Entwicklung der Industriestadt Nowosibirsk (Foto) wie auch der Industriestädte Krasnojarsk, Irkutsk, Ulan-Ude, Tschita, Chabarowsk und Wladiwostok sind unmittelbar mit dem Bau der Transsibirischen Eisenbahn verbunden. Die Strecke verbindet den europäischen Teil Russlands mit China und dem Pazifik.

Wladiwostok

Die Großstadt am Japanischen Meer ist Russlands wichtigster Hafen zum Pazifik, da er auch in den Wintermonaten eisfrei ist. Wirtschaftliche Bedeutung hat Wladiwostok (russ. „Beherrsche den Osten") besonders wegen der Grenznähe zur Volksrepublik China und der Fährverbindungen nach Südkorea und Japan.

1. Erheben Sie innerhalb Ihres Kurses Ihr Wissen über Russland (Brainstorming).
2. Bestimmen Sie die Großlandschaften Russlands zwischen St. Petersburg und Wladiwostok (Karte, Atlas).
3. Ordnen Sie den Großlandschaften in einer tabellarischen Übersicht Großstädte, Flüsse, Seen und Gebirge zu.

1.2 Russland – ein Land auf zwei Kontinenten

Russland erstreckt sich wie nur wenige Länder der Erde über zwei Kontinente. Seine Größe von West nach Ost, aber auch von Nord nach Süd ist unvorstellbar. Wenn in Moskau der Tag beginnt, geht er an der Ostküste zu Ende.

1. Berechnen Sie, wie viele Male Niedersachsen, Deutschland, Europa und die USA in Russland hineinpassen (M 4, M 5).
2. (Z) Finden Sie eigene Vergleiche, die die Größe Russlands veranschaulichen.
3. Vergleichen Sie die größten Staaten der Erde hinsichtlich ihrer Bevölkerungsdichte (M 4).
4. Erläutern Sie die Bedeutung des Flugverkehrs in Russland (M 8, M 9).
5. „Nach der Entdeckung Amerikas und dem Bau des Suezkanals kennt die Geschichte kein anderes Ereignis, das so große direkte und indirekte Konsequenzen hätte wie der Bau der Transsibirischen Eisenbahn." Erläutern Sie.
6. (Z) Beurteilen Sie die Möglichkeiten der räumlichen Erschließung Russlands.

Russland
- 17,1 Millionen km² (davon Sibirien 13,1 Mio. km²),
- 9000 km von West nach Ost,
- elf Zeitzonen,
- 22 000 km Grenze,
- 37 600 km Küste,
- 120 000 Flüsse und zwei Mio. Seen.

Rang	Staat	Fläche (in km²)	Rang	Staat	Ew. (in Mio.)
1	Russland	17 075 400	1	China	1364,1
2	Kanada	9 984 670	2	Indien	1296,2
3	USA	9 809 155	3	USA	317,7
4	China	9 572 419	4	Indonesien	251,5
5	Brasilien	8 547 404	5	Brasilien	202,8
6	Australien	7 692 030	9	Russland	143,7
62	Deutschland	357 168	16	Deutschland	80,9

M 4   Die größten Staaten der Erde

M 1   Route der Transsibirischen Eisenbahn und der Baikal-Amur-Magistrale

Bahnhof	Zeitzone	Ankunft	Abfahrt	km	Tage-Std.-Min.
Moskau	MOZ		17:06		0-00-00
Perm	MOZ + 2 Std.	12:52	13:12	1397	0-19-46
Nowosibirsk	MOZ + 3 Std.	15:19	15:40	3303	1-22-13
Krasnojarsk	MOZ + 4 Std.	03:44	04:04	4065	2-10-38
Irkutsk	MOZ + 5 Std.	22:13	22:36	5153	3-05-07
Tschita	MOZ + 6 Std.	15:09	15:30	6166	3-22-03
Birobidschan	MOZ + 6 Std.	03:34	06:36	8320	5-13-28
Wladiwostok	MOZ + 7 Std.	22:05		9259	6-04-59

Die Zeitangaben innerhalb Russlands erfolgen üblicherweise in Moskauer Zeit (MOZ). Um die Ortszeit zu ermitteln, muss die Zeitverschiebung (Spalte Zeitzone) zur Fahrplanzeit addiert werden.

M 2   Fahrplan des Zuges Nr. 2 der Transsibirischen Eisenbahn (Auszüge)

M 3   Ein Personenzug der Transsibirischen Eisenbahn

Eine Fahrt mit der Transsibirischen Eisenbahn gewährt Einblick in die russische Seele und die wilde Schönheit Sibiriens. Mit 9288 km ist die Transsib die längste Eisenbahnstrecke der Welt, was in etwa einem Viertel der Äquatorlänge entspricht. In verschiedenen Teilstücken wurde die Strecke ab 1891 gebaut, mit einfachsten Mitteln wie Spitzhacke und Schaufel und zum großen Teil von Saisonarbeitern aus China, Japan und Korea. 1916 war der letzte Abschnitt fertiggestellt. Auf der Fahrt vom Moskauer Jaroslawler Bahnhof nach Wladiwostok werden nicht nur zwei Kontinente und circa 100 Städte berührt, sondern auch 16 große Ströme und 485 Brücken überquert. Nördlich parallel zur Transsib verläuft ab Taischet die Baikal-Amur-Magistrale (BAM) zum Pazifik. Die Transmongolische und die Transmandschurische Eisenbahn zweigen von der Transsib jeweils mit dem Endpunkt Peking ab. Verläuft die Fahrt in den ersten Tagen durch Laub- und Mischwälder, so folgt dann die Steppe. Auf der Fahrt findet das Leben im Abteil und im jeweiligen Waggon statt. Die Fernverkehrszüge auf der Transsib verfügen zwar über einen Speisewagen, doch weiter im Osten können noch immer auf den Bahnsteigen Speisen von den Babuschkas (dt. „Großmütter") erworben werden. Für die Zubereitung von Suppen und kleinen Gerichten befindet sich in jedem Wagen ein Samowar. Neben Personenzügen auf verschiedenen Linien wird die Strecke auch für den Güterverkehr genutzt. So transportiert BMW beispielsweise Autoteile von Leipzig ins Montagewerk im nordostchinesischen Shenyang, was die Tranportzeit (20 Tage) gegenüber dem Seeweg um 50 Prozent verkürzt.

M 5   Transsibirische Eisenbahn

M6 Russland (europäischer und asiatischer Teil): Größenvergleich

M7 Russland: Zeitzonen

M9 Russland: Flugrouten

M8 Straße durch die Weite Sibiriens. Aufgrund des Klimas ist der Bau von Allwetterstraßen erforderlich. Dies ist technisch schwierig und sehr teuer.

M10 Hubschrauber der Polar Airlines landet in einem Dorf in der Republik Sacha. In weiten Teilen Sibiriens werden neben Flugzeugen aufgrund der Witterungsbedingungen und fehlender Flughäfen auch Hubschrauber für Linienflüge eingesetzt.

1.3 Expansion und Zerfall einer Großmacht

Die russische Geschichte beginnt im 9. Jahrhundert, als eingewanderte Wikinger und heimische Slawen den ersten „russischen" Staat gründen, die Kiewer Rus. Später expandierte das Großfürstentum Moskau immer weiter nach Osten. Russland wird im 18. und 19. Jahrhundert zur europäischen Großmacht – mit gewaltigem asiatischen Anhang. Nach dem Sturz des Zarenregimes und einem mehrjährigen Bürgerkrieg wird 1922 die Union der Sozialistischen Sowjetrepubliken, kurz UdSSR oder Sowjetunion gegründet.

1. Beschreiben Sie die Erschließung Sibiriens (M 1, M 2, M 4).
Ⓩ 2. Recherchieren Sie in arbeitsteiligen Gruppen
   a. den Aufstieg Russlands zur europäischen Großmacht (850 – 1850),
   b. die Ereignisse der Oktoberrevolution 1917,
   c. die Diktatur Stalins,
   d. das Weltmachtstreben unter Stalin und Chruschtschow.
3. Erläutern Sie den Zerfall der UdSSR 1991 (M 6).

Russisch

Abgeleitet vom altslawischen Begriff Rus (mit wahrscheinlich normannischem Ursprung). Das Deutsche unterscheidet meist nicht zwischen Russe (*russkij*, Angehöriger der russischen Ethnie) und Russländer (*rossijanin*, Staatsbürger Russlands).

Im Uralgebirge hatte es schon seit dem 11. Jahrhundert Handels- und Bergbauniederlassungen der Republik Nowgorod gegeben. Östlich des russischen Siedlungsgebietes bis in den Ural gab es später das halbautonome Herrschaftsgebiet der Kaufmannsfamilie Stroganow. Es bildete die Ausgangsbasis für die Eroberung und Erschließung Sibiriens. (...) 1582 eroberten die Kosaken das Khanat Sibir, das bis dahin Westsibirien vom Uralgebirge bis zum Jenissej beherrscht hatte. Danach wurde die russische Macht zügig nach Osten ausgebreitet, wobei man sich zunächst relativ weit nördlich hielt, um Konflikten mit den Staaten Mittelasiens und mit dem Mandschureich, das gleichzeitig China eroberte, auszuweichen. 1639 erreichten erstmals Russen die pazifische Küste. Erst 1858 bis 1860 wurde durch Annexion der Äußeren Mandschurei das vom Klima her etwas mildere Amurgebiet Teil des russischen Reiches. (...) Die intensivere Erschließung erstreckte sich bis ins 20. Jahrhundert hinein. Wichtige Maßnahmen waren die Schaffung des Sibirischen Traktes im 18. Jahrhundert [Straßenverbindung] und der Bau der Transsibirischen Eisenbahn 1891 bis 1916. (...) Eine Erschließung durch unabhängige Siedler gab es nur in viel geringerem Maße als in den englischen Kolonien in Nordamerika, da ein großer Teil der Bevölkerung Russlands Leibeigene waren und der russische Adel diese nicht durch Abwanderung verlieren wollte.
Quelle: www.de.wikipedia.org/wiki/Sibirien

M 2   Quellentext zur Kolonialisierung Sibiriens

M 1   Russland – Entstehung eines Großreichs (12. Jahrhundert – 1914)

M 3   Sowjetunion (UdSSR)

M 5   Russland und die Nachfolgestaaten der Sowjetunion

Russland – Russische Föderation

Russland ist die Kurzform für Russische Föderation. Diese gliedert sich in die acht Föderationsbezirke: Zentraler Bezirk, Südlicher Bezirk, Nordkaukasus, Nordwestlicher Bezirk, Wolga, Ural, Sibirien und Fernost mit 83 Territorialeinheiten (Subjekte der Föderation). Die Bezirke gliedern sich in 21 autonome Republiken, neun Regionen (krai), 46 Gebiete (oblast), ein autonomes Gebiet, vier autonome Kreise (okrug) und zwei Städte mit Subjektstatus (Moskau und St. Petersburg).

860	Entstehung des Russischen Reiches; Grundlage: Handel an der Wolga; Kiew Reichsmittelpunkt
12. Jh.	Mongoleneinfälle; Erstreckung des Mongolischen Reiches bis zur Wolga
1480	Iwan III. beendet Mongolenherrschaft; Gründung des zentralistischen Moskauer Staates
1533 – 1584	Zar Iwan IV. der Schreckliche; Eroberung von Kasan und Astrachan; Eindringen in Sibirien; Ziel: Sammlung der „russischen Erde"; Moskau gilt als „Drittes Rom"
ab 1613	Expansion Russlands zu Lasten von Polen und der Türkei; Eingliederung der Ukraine; Kiew und Smolensk werden russisch
1689 – 1725	Zar Peter der Große; russischer Staat wird Großmacht; Vorstoß zur Ostsee; neue Residenz St. Petersburg; Förderung westeuropäischer Kultur
1762 – 1796	Zarin Katharina II.; Reformen im Innern; Bündnis mit Preußen (Friedrich der Große); Aufteilung Polens zwischen Russland und Preußen; Kriege mit der Türkei; Küste des Schwarzen Meeres wird russisch
1801 – 1825	Zar Alexander I.; Eroberungskriege des französischen Kaisers Napoleon scheitern u. a. an der Weite Russlands trotz Einnahme Moskaus; Alexander I. dominiert als „Befreier Europas" auf dem Wiener Kongress
19. Jh.	Anwachsen der russischen Bevölkerung von 33 auf 140 Millionen
1904 – 1905	Russland erhebt Ansprüche auf Korea und die Mandschurei; Japan siegt in der kriegerischen Auseinandersetzung
1914 – 1917	Teilnahme Russlands am 1. Weltkrieg; Abdankung des Zaren auf Grund der bürgerlich-radikalen Märzrevolution
1917	Oktoberrevolution; Bolschewisten erringen Macht (Lenin und Trotzki); Propagierung des Weltfriedens und des Weltsozialismus
1917 – 1941	Rote Armee siegt über die Gegenrevolution; Ermordung des Zaren; Moskau wird Hauptstadt; Entstehung der Union der Sozialistischen Sowjetrepubliken (UdSSR) 1922; Lenin stirbt
1924	Stalin kollektiviert die Landwirtschaft und baut Schwerindustrie auf; Schauprozesse gegen Opposition; Liquidierungen; Straflager in Sibirien
1939	Nach deutschem Überfall Teilung Polens zwischen Deutschland und der UdSSR
1941 – 1945	Beteiligung am 2. Weltkrieg; Potsdamer Konferenz der Siegermächte; Verschiebung der Einflusssphäre bis an die Elbe (ehemalige DDR)
1947 – 1987	Kalter Krieg; UdSSR wird Atommacht; Berlin-Blockade, Ungarn-Aufstand; Kuba-Krise; Mauerbau in Berlin; Einmarsch in die Tschechoslowakei
1987 – 1991	Perestroika; Auflösung der UdSSR; Gründung der Gemeinschaft Unabhängiger Staaten (GUS)

M 4   Geschichte Russlands bis 1991 im Überblick

Auf dem Plenum des Zentralkomitees (ZK) kündigte [der russische Präsident Gorbatschow 1987] *eine tief greifende Umgestaltung an, die alle Bereiche der Gesellschaft erfassen sollte – die Perestroika. So wollte die Reformergruppe um Gorbatschow beispielsweise die Bedeutung der „Sowjets", der Parlamente, erhöhen, die Rechtsordnung stärken, Parteifunktionäre regelrecht wählen, statt von oben bestimmte Kandidaten akklamieren zu lassen und die Gesetzgebung verbessern. Damit wurde eine Öffnung der Gesellschaft eingeleitet. (...) Die Wahlen zu einem Kongress der Volksdeputierten im Frühjahr 1989 stellten – auch wenn das Wahlverfahren nicht wirklich demokratischen Prinzipien entsprach – den Durchbruch zu einer demokratischen Entwicklung dar. Die Reform der politischen Ordnung – ursprünglich eine Initiative von oben – schuf den Raum für die Entfaltung einer politischen Öffentlichkeit, die mit einer vehementen Politisierung der Gesellschaft verbunden war. Die KPdSU verlor rasch an Gewicht und büßte im März 1990 ihr politisches Monopol auch offiziell ein. Die Kräfte, die nun hervortraten, waren aber keineswegs gewillt, die Reformpolitik der Gorbatschow-Gruppe zu unterstützen. Denn während es deren Ziel war, die Sowjetunion durch Umgestaltung im Innern als Weltmacht zu erhalten, bezogen die neuen politischen Bewegungen Legitimität aus ihrem – ethnisch, ökologisch, sozial oder historisch begründeten – Auftreten gegen die Politik des Zentrums. Im Kaukasus und in den baltischen Republiken setzten sich Gruppen durch, die eine stärkere Eigenständigkeit dieser Staaten anstreblen bis hin zur völligen Loslösung von der UdSSR. Insofern schuf die Öffnung der Gesellschaft keineswegs eine Basis für die Politik der Gorbatschow-Gruppe, sondern stellte die sowjetische Staatlichkeit insgesamt in Frage.(...)*
Die Auflösung der Sowjetunion zum 31. Dezember 1991 bedeutete [unter Präsident Jelzin] *auch die Beseitigung von Planwirtschaft und Einparteiensystem und machte den Weg frei für den Übergang zu einer marktwirtschaftlichen Ordnung und die Reform des politischen Systems.*
Quelle: Schröder, H.-H.: Vom Kiewer Reich bis zum Zerfall der UdSSR. Informationen zur politischen Bildung 2003

M 6   Quellentext zur Perestroika und zum Zerfall der Sowjetunion

1.4 Die asiatischen Nachfolgestaaten der Sowjetunion

Mit der Auflösung der Sowjetunion 1991 wurden die ehemaligen 14 Teilrepubli-ken unabhängig. Der politische, militärische und wirtschaftliche Einfluss Russ-lands blieb aber hoch. Die drei kaukasischen und fünf zentralasiatischen Nach-folgestaaten schlossen sich der Gemeinschaft Unabhängiger Staaten (GUS) an, der anfangs neben Russland auch die Ukraine, Weißrussland und Moldau an-gehörten. Die anfänglichen Kooperationsziele der GUS konnten nie umgesetzt werden und ihre politische sowie wirtschaftliche Bedeutung nimmt stetig ab.

1. Erstellen Sie eine Tabelle der naturgeographischen Gemein-samkeiten und Unterschiede der asiatischen Nachfolgestaaten.
2. Erläutern Sie anhand der Länderbeschreibungen die Möglich-keit der wirtschaftlichen Entwicklung der einzelnen Staaten.
3. Beurteilen Sie unter wirtschaftlichen Gesichtspunkten den Beitritt der Länder zur Gemeinschaft Unabhängiger Staaten.

Georgien

Georgien liegt an der Nahtstelle Eurasiens in Transkaukasien. Selbst bezeichnen sich die Georgier als „Balkon Europas". Der Wahlspruch des Landes lautet „Kraft durch Einheit". Allerdings sind die Landesteile Abchasien und Südossetien abtrünnig, auch wenn deren Souveränität nur von Russland und wenigen weiteren Staaten anerkannt wurde. Wegen eines militärischen Konfliktes mit Russland ist Georgien 2009 aus der GUS ausgetreten und sucht seitdem die Anlehnung an die EU und die NATO. Wegen der Unsicherheit haben von 1991 bis 2014 mehr als eine Mio. Georgier das Land verlassen. 87 Prozent des Landes sind Gebirge und Vorgebirge. Der Kaukasus hält die Kaltluft aus Norden ab, und die Luft vom Schwarzen Meer erwärmt das Land. So ist der West-teil subtropisch-feucht und der Osten trocken-gemäßigt.

Aserbaidschan

Zwischen Kaukasus und Kaspischem Meer liegt das überwiegend muslimische Aserbaidschan. Die Exklave Nachitschewan ist eine autonome Republik. Um das mehrheitlich armenisch besiedelte Bergkarabach entbrannte 1992 ein brutaler kriegerischer Konflikt. Seit dem Waffenstillstand 1994 ist es von Armenien besetzt. Der Konflikt dauert an. Das Klima in Aserbaidschan ist subtropisch; nur die Küste ist feucht, ansonsten herrscht Halbwüste vor. 50 Prozent der Fläche werden von Ackerland und 11,5 Prozent von Wald eingenommen. Die Öl- und Gasindustrie erwirtschaftet 67 Prozent des BIP. Der Transport erfolgt über die BTC-Ölpipeline (Baku – Tiflis – Ceyhan) in die Türkei. Wegen der Öl- und Gasförderung wurde bisher jedoch die indust-rielle und landwirtschaftliche Produktion vernachlässigt. Aserbaid-schans Hauptstadt Baku ist eine bedeutende Hafenstadt.

M 3   Die Kaukasus-Staaten

Armenien

Der größte Teil des historischen Siedlungsgebietes der Armenier liegt in der Türkei. Aufgrund des türkischen Völkermordes leben von den heute zehn Mio. Armeniern nur maximal ein Drittel in Armeni-en selbst; große Gemeinden gibt es im Libanon, den USA und Frank-reich. Deren Geldtransfer an Verwandte macht knapp zehn Prozent am Bruttoinlandsprodukt aus. Aufgrund von Konflikten sind nach wie vor die Grenzen zur Türkei und nach Aserbaidschan geschlos-sen. Die Industrie ist wenig entwickelt. Allerdings gibt es eine Reihe von Bodenschätzen. Armenien ist ein ausgeprägtes Gebirgsland; 90 Prozent der Landesfläche liegen über 1000 m; die mittlere Höhe beträgt sogar 1800 m. Die Faltengebirge sind durch den Zusam-menstoß der Eurasischen und der Arabischen Platte entstanden. Das Land ist stark erdbebengefährdet.

M 1   Armeniens Hauptstadt Jerewan mit Berg Ararat im Hintergrund

	Einwohner (in Mio.)	Fläche (in km²)	Staats-/Regierungsform	Wichtigste Bevölkerungs-gruppe (Anteil Russen)	Religionen
Russland	14 350	17 075 400	Republik[1], semipräsidentiell[2]	Russen 80 %,	Orthodoxe 70 %, Muslime 14 %
Armenien	2 977	29 743	Republik, semipräsidentiell[2]	Armenier 95 %	Orthodoxe 93 %
Aserbaidschan	9 417	86 600	Präsidialrepublik (autoritär)	Aserbaidschaner 91 % (2%)	Muslime 90 %
Georgien	4 477	69 700	Republik, semipräsidentiell[2]	Georgier 84 %	Orthodoxe 84 %, Muslime 10 %
Kasachstan	17 038	2 724 900	Präsidialrepublik (autoritär)	Kasachen 63 % (24 %)	Muslime 65 %, Christen 35 %
Kirgisistan	5 720	199 900	parlamentarische Republik	Kirgisen 70 % (8%)	Muslime 80 %, Orthodoxe 10 %
Tadschikistan	8 208	143 100	Präsidialrepublik (autoritär)	Tadschiken 80 % (1 %)	Muslime 97 %
Turkmenistan	5 240	488 100	Präsidialrepublik (autoritär)	Turkmenen 85 % (7 %)	Muslime 90 %, Orthodoxe 9 %
Usbekistan	30 241	447 400	Präsidialrepublik (autoritär)	Usbeken 74 % (6 %)	Muslime 90 %

[1] Das russische Regierungssystem enthält föderale Elemente. [2] semipräsidentiell = Elemente des Parlamentarismus und des Präsidialsystems.

M 2   Russland und die asiatischen Nachfolgestaaten der UdSSR

M 4 **Kasache bei traditioneller Fuchsjagd mit Steinadler**

M 6 **Präsidentenpalast in Asgabat, Turkmenistan**

Kasachstan

Der neuntgrößte Staat der Welt ist sehr rohstoffreich. Am Kaspischen Meer befinden sich riesige Erdöl- und Erdgasfelder. So machen Erdöl und Erdgas auch 70 Prozent der kasachischen Exporte aus. Hinzu kommen die Rohstoffe Steinkohle, Eisenerz, Kupfer, Gold, Mangan, Nickel, Chrom, Uran, Kobalt, Wolfram, Blei und Zink. In Baikonur befindet sich der größte Weltraumbahnhof der Welt, der von Russland für seine Raumfahrtprogramme bis 2050 gepachtet ist. Der größte Teil des Landes sind Ebenen (Steppen und Wüsten). Die Berge des Tian Shan erheben sich bis 7010 m; die Karagije-Senke liegt 132 m unter dem Meeresspiegel. Die Temperaturen bewegen sich über das Jahr von -40 °C bis 40 °C.

Kirgisistan

94 Prozent Kirgisistans sind gebirgig. Das Hochgebirge des Tian Shan weist etwa 2200 Gletscher auf. Es ist tektonisch weiter aktiv und Kirgisistan somit erdbebengefährdet. Auch wenn nur auf 20 Prozent der Landesfläche überhaupt Landwirtschaft möglich ist, ist sie doch der bedeutendste Wirtschaftsfaktor. Angebaut werden Weizen, Kartoffeln, Zuckerrüben und Gemüse, im Süden des Landes auch Tabak und Baumwolle. Gefördert werden Erdöl, Erdgas und Kohle. Eine beträchtliche Anzahl von Kirgisen arbeitet in Russland und Kasachstan. Die Zahlungen an ihre Familien machen immerhin 25 Prozent des BIP aus. Bis 1990 lebten circa 100 000 Deutschstämmige (Baptisten und Mennoniten) in Kirgisistan.

Turkmenistan

Durch Turkmenistan verlief die Seidenstraße – einst der wichtigste Handelsweg zwischen Asien und Europa. 95 Prozent der Landesfläche werden von der Wüste Karakum (Sand- und Geröllwüste) eingenommen. Das kontinentale Klima bringt heiße, trockene Sommer und kalte Winter. Auf Bewässerungsflächen wird Baumwolle angebaut. Zudem verfügt das Land über reiche Erdgas- und Erdölvorkommen. Entsprechend wurde in Turkmenistan eine Textil- und Chemieindustrie auf Petrolbasis aufgebaut. In Turkmenistan sind Gas, Elektrizität, Wasser und Salz für die Bevölkerung kostenlos erhältlich. Wegen der Taliban ist seit 2013 die Lage zu den afghanischen Nachbarprovinzen unsicher. Das präsidiale Regierungssystem weist – wie in vielen anderen Nachfolgestaaten – stark autoritäre Züge auf.

M 5 **Die zentralasiatischen Staaten**

Usbekistan

Usbekistans Landschaft ist geprägt von Steppen und Wüsten (80 %). Allein die Kysylkum-Wüste nimmt vier Zehntel der Staatsfläche ein. Usbekistan ist der drittgrößte Baumwollexporteur der Welt. Auf 80 Prozent der landwirtschaftlichen Nutzfläche wird Baumwolle angebaut. Das vom Syrdarja durchflossene, von fruchtbaren Lössboden bedeckte Fergantal gilt als Perle Zentralasiens. Für den Anbau wird übermäßig Wasser aus den Flüssen entnommen. Der Aralsee steht vor der Austrocknung. In der Stadt Asaka werden Pkws hergestellt und in Taschkent Militärtransportflugzeuge für Russland. Deutschland bezieht Erdgas aus Usbekistan. Um die Vormachtstellung in Zentralasien gibt es Spannungen mit Kasachstan.

Tadschikistan

Im Osten Tadschikistans befindet sich das Pamir-Gebirge (7495 m) – das Dach der Welt. Zwei Drittel des Landes werden durch Hochgebirge eingenommen, daher herrscht die extensive Viehzucht (Rinder, Schafe, Ziegen) vor. Gezüchtet werden auch Seidenraupen. Nur im äußersten Norden (Tiefland) findet intensiver Bewässerungsfeldbau statt (Baumwollanbau). Trotz der widrigen naturräumlichen Voraussetzungen ist die Landwirtschaft Hauptwirtschaftsfaktor. 67 Prozent der Erwerbstätigen sind hier beschäftigt. Das Land verfügt über große Rohstoffreserven an Erdöl, Erdgas und Kohle. 2013 und 2014 gab es Auseinandersetzungen mit Schusswechseln an den Grenzen zu Kirgisistan und Usbekistan.

1.5 Geologie, Klima, Vegetation

In Russland erstrecken sich wie in den USA die Gebirge von Norden nach Süden (z. B. Ural, Werchojansker Gebirge) und nicht wie in Mitteleuropa die Alpen von Westen nach Osten. Deshalb kann im Frühjahr und Herbst die arktische Kaltluft in Russland weit nach Süden vordringen. Große Teile des Landes liegen an der Grenze zwischen Ökumene und Anökumene. Unter Anökumene werden die nicht auf Dauer durch sesshafte Bevölkerung bewohnbaren Teile der festen Erdoberfläche verstanden, zu der insbesondere Kälte- und Trockenwüsten sowie Hochgebirge zählen. Die Ökumene ist dann die Gesamtheit aller Räume, die vom Menschen als Wohn- und Wirtschaftsraum besiedelt sind.

1. Beschreiben Sie die drei Großlandschaften Russlands (M 3, M 4, M 6). Vergleichen Sie mit den Großlandschaften in Deutschland.
2. Ⓩ Erklären Sie die tektonischen Vorgänge in Russland (M 1, M 5).
3. Charakterisieren Sie anhand der Diagramme das Klima Russlands (M 9).
4. Erläutern Sie das Nord-Süd-Profil der Vegetation (M 7).
5. Ⓩ Ordnen Sie den Vegetationszonen Russlands Klimazonen zu (M 8, Atlas).

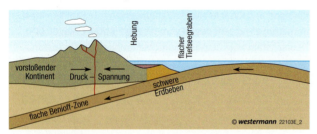

M 1   Plattentektonik: Zusammenstoß der Pazifischen und Eurasischen Platte

Flächen	Anteil	Flächen	Anteil
Wald	49,4 %	Verkehrsfläche	0,5 %
Oberflächengewässer	13,2 %	Bebaute Fläche	0,3 %
Landwirtschaftliche Nutzfläche	12,9 %	Sonstige Fläche	23,7 %

M 2   Flächenanteile am Territorium Russlands

Weite Teile Russlands entstanden vor langer Zeit. Im europäischen Teil lagern auf dem Urkontinent, der den Baltischen Schild nach Osten fortsetzt, Sedimente, die seit ihrer Entstehung vor über 350 Millionen Jahren kaum bewegt wurden und über denen sich in jüngster geologischer Vergangenheit noch Ablagerungen der Kaltzeiten bildeten. Die sanfte Wellung des Untergrunds paust sich in flachen und weitgestreckten Höhenzügen wie dem Timanrücken im Norden oder im mittelrussischen Hügelland durch. Flache, oft Hunderte von Kilometern breite Senken wie die Moskauer Synklinale werden heute von Flüssen genutzt. Nach Süden begrenzen der Übergang zu den ukrainischen Lössgebieten, die Flach- und Hügelländer Nordkaukasiens und die Absenkung zur Kaspischen Senke das Russische Tiefland. Südlich anschließend ragt der Große Kaukasus auf (Elbrus, 5633 m). Er entstand nach plattentektonischer Interpretation beim Abtauchen der iranischen unter die eurasische Platte.

Nach Osten bildet der Ural eine sanfte Gebirgsschwelle. Hier schließt sich das Westsibirische Tiefland als ein in sich gegliederter, ebenfalls auf einer paläozoischen Plattform liegender Ablagerungsraum an, dessen Sedimente das Speichergestein für Erdöl- und Erdgasvorkommen sind. Das entwässernde Flusssystem von Ob und Irtysch ist das größte des Kontinents. Östlich des Jenissej steigt das Gelände zum Mittelsibirischen Bergland an, das sich im Putorana-Bergland bis 1700 m erhebt und von ausgedehnten Decken vulkanischer Gesteine eingenommen wird. Nach Osten fällt das Bergland sanft zum Jakutischen Becken ab. Daran schließen nach Osten Gebirgszüge an, die im Erdmittelalter aufgefaltet wurden und bis 3000 m Höhe erreichen. Nach Süden begrenzen Gebirge wie Altai und Sajany westlich des Baikalsees die Tief- und Bergländer, während östlich des Baikalsees die Gebirgszüge zu den steppenartigen Niederungen des Amur abfallen. Im Süden des Fernen Ostens bildet der stark bewaldete Gebirgszug Sichote-Alin eine eigenständige Landschaftseinheit. Auf der Halbinsel Kamtschatka zeigen mehrere Vulkane, (...) dass der Ostrand des Kontinents durch die Unterschiebung der Pazifischen Platte unter die Eurasische gebildet wurde. Dieser Bereich weist ebenso wie die Baikalregion und die Gebirgszüge an der Grenze zur Mongolei eine hohe Erdbebengefährdung auf.

Quelle: Stadelbauer, J.: Russlands Geografie. Landschaftszonen, Bodenschätze, Klimawandel und Bevölkerung. Länderbericht Russland (2010)

M 5   Quellentext zur Geologie Russlands

M 3   Westsibirisches Tiefland

M 4   Mittelsibirisches Bergland

M 6   Altai-Gebirge

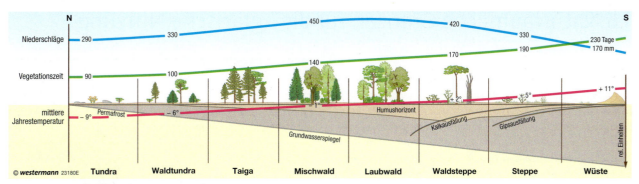

M 7   Russland: Vegetation (Nord-Süd-Profil)

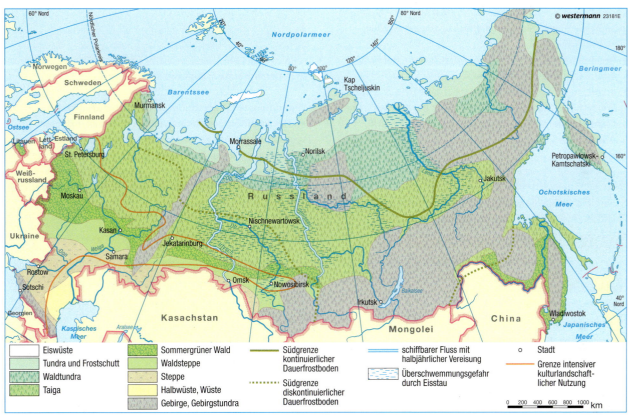

M 8   Russland: Vegetationszonen

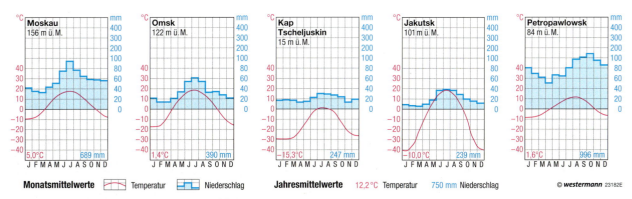

Monatsmittelwerte ⎯ Temperatur ⎯ Niederschlag   **Jahresmittelwerte** 12,2 °C Temperatur   750 mm Niederschlag   © *westermann* 23182E

M 9   Russland: Klimadiagramme in West-Ost-Abfolge

Taiga

Landschaftstyp des borealen Nadelwaldökosystems im borealen Klima mit Hauptverbreitungsgebiet in Eurasien und im nördlichen Nordamerika. Die Taiga gehört der borealen Florenprovinz an, umfasst überwiegend urwaldartige Nadelwaldformationen aus Lärche, Zirbelkiefer, Tanne, Fichte und Kiefer und tritt in verschiedenen räumlich sehr ausgedehnten Varianten – wie der Sumpftaiga – auf.

Tundra

Baumfreie bis baumarme niedrige Vegetation der Subpolargebiete, von Moosen, Flechten, Grasfluren, Zwergsträuchern und zum Teil echten Sträuchern gebildet. Pflanzen zeigen starke Anpassung durch Spezialisierung. Die Tundra ist heute zwar nur innerhalb des Polarkreises verbreitet, reichte aber im Pleistozän bis in die heute gemäßigten Breiten Mitteleuropas.

1.6 Naturräumliche Grenzen für die agrarische Nutzung

Russland ist zwar das größte Land der Erde, aber bei weitem nicht der größte Produzent von Agrarerzeugnissen. Zu Zeiten der Sowjetunion sorgte es regelmäßig für Spott aus dem Westen, wenn Missernten dazu führten, dass das kommunistische Land auf Getreideimporte aus dem kapitalistischen Ausland angewiesen war. Die agrarische Produktivität der UdSSR war aber nicht nur auf die streckenweise ineffektive Landwirtschaft zurückzuführen. Weite Gebiete des Landes sind aufgrund der Böden und des Klimas landwirtschaftlich nicht zu nutzen. Zu Sowjetzeiten war lediglich ein Viertel der Landesfläche agrarisch nutzbar. Nach der Auflösung der Sowjetunion hat sich die agrarische Nutzfläche noch weiter verkleinert. Lediglich 214,4 Mio. ha – 12,5 Prozent der Landesfläche – können landwirtschaftlich bearbeitet werden.

1. Beschreiben Sie die natürlichen Voraussetzungen für die agrarische Nutzung (M 2).
2. Erläutern Sie das Agrardreieck in Russland (M 2, S. 15 (M 8)).
3. Erörtern Sie diese räumliche Verteilung der Landwirtschaft.
4. Charakterisieren Sie die Böden Russlands (M 4 – M 8).
5. Analysieren Sie die Gefährdung des Ökosystems „Schwarzerde" (M 9).
6. Beschreiben Sie die Entwicklung der sowjetischen und russischen Landwirtschaft (M 1).
Ⓩ 7. Vergleichen Sie die Bedingungen der Landwirtschaft der UdSSR /Russlands mit denen in Nordamerika.

M 3   Getreideernte in Russland

Vegetationszeit (Vegetationsperiode, Wachstumszeit)

Im Gegensatz zur Vegetationsruhe in Jahreszeitenklimaten ist die Vegetatationszeit die Zeitdauer, während der pflanzliches Wachstum möglich ist (d.h. in der die Pflanzen blühen, fruchten und reifen).

• Pflanzenwachstum: an Tagen mit mehr als +5°C,
• Nadelbäume: 2 bis 3 Monate mehr als +5° C, davon 30 Tage mehr als +10°C,
• Gerste: 90 Tage mehr als +10°C,
• Weizen: 120 Tage mehr als +10°C.

	1913	1920	1932	1946	1950	1960	1970	1980	1992	2000	2010	2013
Landwirt. Nutzfläche (in Mio. ha)	k.A.	k.A.	k.A.	k.A.	k.A.	541	548	553	222	217	214	214
Ackerland (in Mio. ha)	105	90	134	130	146	203	207	217	132	124	119	120
Getreideproduktion (in Mio. t)	86	26	72	75	81	125	186	189	103	64	59	90
Getreideanbaufläche (in Mio. ha)	105	k.A.	92	k.A.	103	116	118	126	59	41	32	40

M 1   Entwicklung der sowjetischen und russischen Landwirtschaft

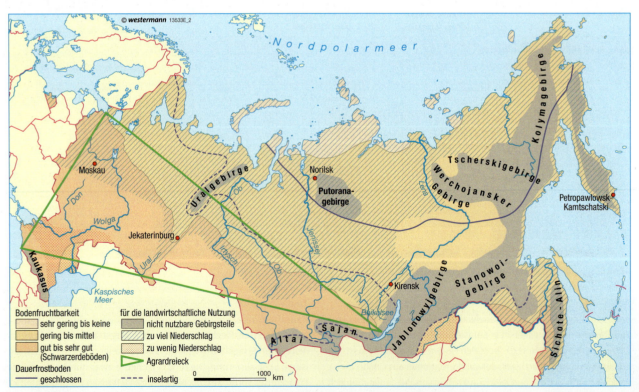

M 2   Natürliche Voraussetzungen für agrarische Nutzung in Russland

	Podsol	Braunerde und Parabraunerde	Schwarzerde (Tschernosem)	Kastanienfarbener Boden (Kastanosem)
Merkmale	große Rohhumusschicht, sauer, Bleichhorizont im Oberboden, Anreicherungshorizont im Unterboden, z.T. Ortstein, meist gut differenzierte Abfolge	humusreich, dunkelbrauner A_h-Horizont, brauner B-Horizont, viele Bodenorganismen, schwach sauer bis neutral	sehr humusreich, hoher Kalkgehalt, viele Bodenorganismen	grau bis rötlich, großer Mull-A-Horizont, kaum Auswaschungen durch aufsteigendes Bodenwasser, Salze an der Oberfläche oder in geringer Tiefe, geringerer Humusgehalt als Schwarzerde
Entstehung	in humiden kühlgemäßigten Gebieten, Auswaschung und Bleichung des Oberbodens, Anreicherung von Humus und Eisen-Manganverbindungen, Bildung von Ortstein	in feuchtgemäßigtem Klima der Laubwaldzone, Verbraunung, Tonmineralneubildung, Tonverlagerung (Parabraunerde)	in kontinentalen Steppengebieten, geringe Niederschläge, hohe Sommertemperaturen, auf mineral- und kalkreichem Löss	Steppenboden meist auf Löss entwickelt, warme Sommer, kalte Winter, semiarides Klima
Landwirtschaftliche Nutzbarkeit	geringe natürliche Fruchtbarkeit, durch Bodenverbesserungsmaßnahmen nutzbar	fruchtbarer Ackerboden	sehr fruchtbar, für Feldfrüchte mit höchsten Ansprüchen geeignet, in semiariden Gebieten Bewässerung notwendig, sehr erosionsgefährdet	können sehr fruchtbar sein, hohe Ertragsschwankungen, Ackerbau meist nur bei künstlicher Bewässerung möglich, Brachen zur Erholung des Wasserhaushaltes notwendig

M 4   Wichtige Bodentypen Russlands

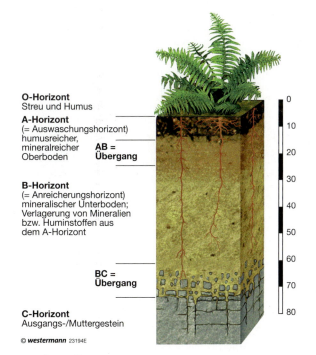

O-Horizont
Streu und Humus

A-Horizont
(= Auswaschungshorizont) humusreicher, mineralreicher Oberboden

AB = Übergang

B-Horizont
(= Anreicherungshorizont) mineralischer Unterboden; Verlagerung von Mineralien bzw. Huminstoffen aus dem A-Horizont

BC = Übergang

C-Horizont
Ausgangs-/Muttergestein

© *westermann* 23194E

M 5   Bodenprofil

Bodenbildende Faktoren

Es ist typisch für alle Böden der Erde, dass gewisse Umweltfaktoren (Klima, Vegetation, Gestein, Relief) sie in bestimmter Weise dauernd formen oder umformen. Die bodenbildenden Faktoren stehen daher mit den Böden in ständiger Wechselwirkung. Von den Wirkungen dieser Faktoren ist die des Klimas innerhalb großer Gebiete zunächst am auffallendsten (zonale Böden), doch kann in räumlich begrenzten Gebieten auch die Verschiedenheit der Gesteine für die Bodenausbildung bestimmend sein. Intensive Bewirtschaftung von Kulturböden durch den Menschen führt zu tiefgreifenden Änderungen gegenüber den natürlichen Böden.

Die wirtschaftliche Bewertung [der Schwarzerde] *beruht auf dem hohen Gehalt an stickstoffreichen Huminsäuren, den Mikroorganismen, der krümeligen Struktur, der guten Drainage und dem Kalkgehalt. Gefahren entstehen der Schwarzerde durch lineare Erosion und Deflation, aber auch durch den Einsatz überschwerer Maschinen, die die lockeren oberen Bodenhorizonte verdichten und dadurch die Zirkulation von Bodenluft und Bodenwasser beeinträchtigen. Die prinzipielle natürliche Fruchtbarkeit der Schwarzerde darf also nicht zu der irrigen Meinung verleiten, dass dieses Substrat in jeder beliebigen Weise landwirtschaftlich genutzt werden könnte. Die Beseitigung der Grasflur der Steppe beim Umpflügen hat bereits den Naturhaushalt entscheidend gestört. Seit der Ausbreitung des Ackerbaus (...) setzte die Bodenerosion im Schwarzerdegebiet ein; ihre bodenschädigenden Auswirkungen währen also teilweise bereits ein halbes Jahrtausend. Bei der früher üblichen Zwei- oder Dreifelderwirtschaft liegt der Boden in einem von zwei bzw. drei Jahren brach; dann kann Wasser ungehindert angreifen, wobei die Lockerheit des Bodens die Erosion unterstützt. Die Häufigkeit von Starkregen im südlichen Russland verstärkt diese Gefahr, ebenso die rasche Erwärmung im Frühjahr und eine damit sprungartig einsetzende Schneeschmelze. (...) Eine Gesamtkalkulation ergab, dass jährlich in Russland 535 Mio. t Boden abgeschwemmt werden. Auf stark geschädigten Schwarzerdeböden wurden Ertragsrückgänge um 70 bis 80 Prozent gegenüber ungeschädigten Schwarzerden berechnet. Wo die Bodenerosion zu tief eingeschnittenen Steppenschluchten (ovrag) führte, werden Teile der Großblockfluren unnutzbar. Schutzmöglichkeiten (verbesserte Pflugtechnik, Schutzwaldstreifen, Anbau von Kulissenpflanzen) sind seit langem bekannt, werden aber zu wenig genutzt.*
Quelle: Stadelbauer, J.: Die Nachfolgestaaten der Sowjetunion (1996)

M 6   Podsol   **M 7   Braunerde**   **M 8   Schwarzerde**   **M 9   Quellentext zum gefährdeten Ökosystem Schwarzerde**

1.7 Permafrost – Herausforderung für Mensch und Technik

Sibirien (vom tatarischen „sibir" = „schlafend") ist noch heute äußerst dünn besiedelt. Indigene Völker leben hier. Nur inselartig haben sich Städte und bewohnte Regionen entwickelt, in denen meist Rohstoffe gefördert und zum Teil verarbeitet werden. Die Härten der Natur nehmen die zugewanderten Bewohner oft nur in Kauf, weil ihnen Anreize wie höhere Löhne und Wohnungen angeboten werden. Die größten Schwierigkeiten für Mensch, Landwirtschaft und Technik ergeben sich dabei aus den klimatischen Extremen und dem Permafrost, dem dauertiefgefrorenen Boden. Die zunehmende Erwärmung im Zuge der globalen Klimaänderungen wird die Anbaugrenzen, aber auch die Trockengrenze weiter nach Norden verschieben und mancherorts die Erschließung vereinfachen. In weiten Teilen Sibiriens wird aber der Permafrost zumindest über Jahrzehnte noch eine Herausforderung bleiben.

1. Beschreiben Sie die klimatischen Verhältnisse in Sibirien (M 2, M 4, M 5, Atlas).
2. Bestimmen Sie in Russland die ungefähre Grenze zwischen Ökumene und Anökumene.
3. Erläutern Sie die Entstehung des Permafrostbodens (M 1, M 3).
4. Erörtern Sie die Bautechniken in Permafrostgebieten (M 6, M 7, M 9).
5. Beschreiben Sie die bis 2090 prognostizierten Temperaturveränderungen in der Arktis (M 11).
6. (Z) Nehmen Sie Stellung zu den Auswirkungen der Klimaänderung in den Permafrostgebieten (M 8).

Permafrost ist Erd-, Fels- oder Sedimentboden, dessen Temperatur seit zwei oder mehr aufeinanderfolgenden Jahren unter 0°C geblieben ist. Unter den meisten Landoberflächen der Arktis liegt Permafrost, dessen Dicke zwischen einigen Metern und mehreren Hundert Metern variiert. In kontinuierlichen Permafrostzonen nimmt der Permafrost das gesamte Gebiet ein und kann bis zu 1500 Meter in die Tiefe reichen, z. B. in Teilen Sibiriens. In sporadischen oder diskontinuierlichen Permafrostzonen nimmt der Permafrost 10 bis 90 Prozent des Gebietes ein und ist stellenweise nur wenige Meter tief. „Aktive Schicht" bezeichnet die oberste Schicht des Permafrostes, die jedes Jahr in der warmen Jahreszeit taut und im Winter wieder gefriert. „Permafrostdegradation" bedeutet, dass ein gewisser Prozentsatz der früheren aktiven Schicht im Winter nicht wieder gefriert. Unter „Thermokarst" versteht man, dass die Erdoberfläche an bestimmten Stellen durch den tauenden Permafrost absinkt und einbricht. Dadurch können sich neue Sumpfgebiete, Seen und Krater an der Oberfläche bilden.
Quelle: Alfred-Wegener-Institut für Polar- und Meeresforschung: Der Arktis-Klima-Report (2005)

M 1   Quellentext zum Permafrost

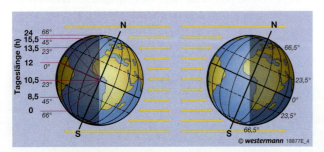

M 2   Beleuchtungssituation der Erde zur Sommer- und Wintersonnenwende

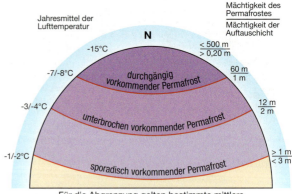

M 3   Schema der Permafrostzonierung

durchschnittliche Januartemperaturen (in °C)

−20 −24 −28 −32 −36 −40

Grenze zwischen West- und Ostsibirien

M 4   Sibirien – durchschnittliche Januartemperaturen

Frostfreie Periode (in Tagen)

45 60 90 105 120

Grenze zwischen West- und Ostsibirien

M 5   Sibirien – frostfreie Tage

M6 Sibirisches Haus versinkt im Permafrostboden

M9 Ölpipeline über aufgetautem Permafrostboden

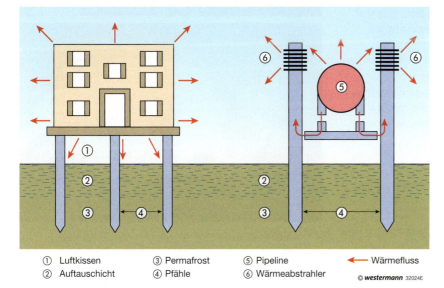

① Luftkissen   ③ Permafrost   ⑤ Pipeline   ← Wärmefluss
② Auftauschicht   ④ Pfähle   ⑥ Wärmeabstrahler

© westermann 32024E

M7 Bautechniken in Permafrostgebieten

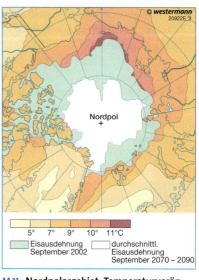

| 5° | 7° | 9° | 10° | 11°C |

Eisausdehnung September 2002   durchschnittl. Eisausdehnung September 2070 – 2090

M11 Nordpolargebiet: Temperaturveränderung bis 2090 (Prognose)

Der prognostizierte Anstieg der Permafrosttemperatur und die zunehmende Tiefe der aktiven Schicht werden sehr wahrscheinlich Bodensenkungen verursachen und die Infrastruktur vor erhebliche technische Probleme stellen. (...) Das Gewicht von Gebäuden auf Permafrost ist ein kritischer Faktor; der tauende Permafrost hat im Norden Russlands bei vielen schweren, mehrstöckigen Gebäuden zu Bauschäden geführt. (...) Aus den Bauschäden lässt sich auch die Lehre ziehen, dass Gebäude auf Permafrost ständiger Reparatur und Wartung bedürfen, was in Russland versäumt wurde. (...) Bauschäden durch tauenden Permafrost beeinträchtigen im Norden Russlands auch verstärkt die Infrastruktur von Industrie und Verkehrswesen. Viele Bahnstrecken sind deformiert, die Flughafenrollbahnen in mehreren Städten befinden sich in einem notdürftigen Zustand und auslaufendes Öl und andere Unfälle durch brechende Öl- und Gasleitungen haben dazu geführt, dass weite Landstriche verunreinigt und nicht mehr nutzbar sind. Als problematisch könnte sich in Zukunft auch die Schwächung von Grubenwänden im Bergbau erweisen, ebenso wie die Verunreinigung durch die Abfallhalden großer Minen, wenn gefrorene Schichten tauen und überschüssiges Wasser und Giftstoffe ins Grundwasser abgeben. (...)

Zwischen klimabedingter Permafrost-Veränderung und Vegetation bestehen [ebenso] wichtige Wechselbeziehungen. Tauender Permafrost beeinflusst die an der Oberfläche wachsende Vegetation. Gleichzeitig spielt die Vegetation, die ihrerseits von den Folgen des Klimawandels betroffen ist, eine wichtige Rolle bei der Isolierung und Bewahrung des Permafrosts.

M8 Quellentext zu den Folgen des tauenden Permafrost

M10 Tauender Permafrost

Wälder tragen zum Beispiel zum Erhalt des Permafrosts bei, weil die Baumkronen die Sonnenstrahlung abfangen und die dicke Moosschicht auf der Oberfläche den Boden isoliert. Zusätzlich zu den vorhergesagten direkten Folgen steigender Temperaturen werden voraussichtlich auch die vorhergesagten Waldbelastungen wie Brände und Insektenbefall zur weiteren Permafrostdegradation beitragen. In einigen nördlichen Wäldern dient der eisreiche Permafrost bestimmten Baumarten (insbesondere Schwarzfichten) zur Festigung der Bodenstruktur, in der sie wurzeln. Das Tauen dieses gefrorenen Bodens kann dazu führen, dass die Bäume sich stark neigen (sogenannter „betrunkener Wald") oder ganz umstürzen.
Quelle: Alfred-Wegener-Institut: Der Arktis-Klima-Report (2005)

1.8 Die Arktis – Russlands Reserveraum

Unter dem Eis der Arktis werden riesige Rohstoffreserven vermutet. Hier soll ein Fünftel der bisher nicht entdeckten Weltreserven an Erdöl und Erdgas liegen. Hinzu kommen die Rohstoffe Gold, Eisen und Zink. Die Förderung hat insbesondere in Russland eingesetzt. Umweltorganisationen befürchten, dass eines der letzten Naturparadiese dieser Welt zerstört werden könnte. Tankerunfälle wie den der Exxon Valdez vor der Küste Alaskas und die Explosion der Ölplattform Deepwater Horizon im Golf von Mexiko hätten in der Arktis noch gravierendere Folgen.

1. Beschreiben Sie die Satellitenbilder (M 3).
2. Stellen Sie die Bedeutung der Nordostpassage für die Schifffahrt von Deutschland nach Asien dar (M 1, M 3, M 4).
3. Erläutern Sie die Technik der Unterwasserförderung von Erdöl und Erdgas (M 7).
4. Erörtern Sie den Ausspruch des Staatspräsidenten Wladimir Putin, dass die Arktis Russlands Reserveraum sei.
(Z) 5. Nehmen Sie Stellung zu der Aussage, dass die russische Rohstoffgewinnung „arktischem Roulette" gleiche (M 6).
6. Beurteilen Sie die russischen Gebietsansprüche in der Arktis (M 2, M 5).

M 3 Eisbedeckung in der Arktis (Satellitenbild) oben: Zustand Januar 1980; unten: Zustand Januar 2012

M 1 Russischer Eisbrecher

Inmitten der anhaltenden Spannungen mit dem Westen setzt Russland klare Zeichen: Moskau baut seine Militärpräsenz in der Arktis weiter aus. Die Armee habe in der rohstoffreichen Region Abwehrraketensysteme vom Typ Panzir stationiert, teilte Generalmajor Kirill Makarow Moskauer Medien zufolge mit. Damit demonstriert Moskau nicht nur militärische Präsenz, sondern auch seine Ansprüche auf dort vermutete Bodenschätze. Daran sind auch EU- und Nato-Staaten interessiert. Es gehe um einen Schutz der „Nordflanke" des Landes. Geplant sei auch die Verlegung von Kampfjets des Typs MiG-31, wurde Makarow zitiert. Auf der im Nordpolarmeer liegenden Insel Nowaja Semlja soll zudem ein Frühwarnsystem entstehen. Auf der Inselgruppe Franz-Josef-Land traf Baumaterial für eine Marine-Anlage ein. (...) Russland behauptet, dass sein Festlandsockel am Meeresboden so weit in die Arktis reiche, dass Moskau den Nordpol beanspruchen dürfe. Um den Anspruch zu unterstreichen, hatte eine U-Boot-Besatzung 2007 die russische Trikolore aus rostfreiem Titan-Metall in den Meeresboden unter der Eiskappe gerammt.
Quelle: Russland stationiert Abwehrraketensysteme in der Arktis. dpa-Meldung 6.4.2015

M 2 Quellentext zur russischen Militärpräsenz in der Arktis

Der Nördliche Seeweg (NSR für Northern Sea Route) ist der offizielle russische Name für die saisonal eisbedeckten Seeschifffahrtswege im Norden Eurasiens, von Nowaja Semlja im Westen zur Beringstraße im Osten. Die NSR wird vom russischen Verkehrsministerium verwaltet und ist seit 1991 für den internationalen Schiffsverkehr freigegeben. Verglichen mit südlichen Routen über den Suez- oder Panamakanal bringt die NSR bei transarktischen Routen von Nordeuropa zum nordöstlichen Asien und zur Nordwestküste Nordamerikas Entfernungseinsparungen von bis zu vierzig Prozent. Zudem macht die NSR russische Arktisregionen für Schiffe zugänglich, die nördlich von Europa oder ostwärts in die Karasee fahren und westwärts nach Europa oder Nordamerika zurückkehren. Von der Pazifikseite bietet der NSR regionalen Zugang für Schiffe, die durch die Beringstraße zu Häfen in der Laptew- und Ostsibirischen See fahren und ostwärts mit Fracht nach Asien zurückkehren. Seit 1979 halten russische Eisbrecher die westliche Region der NSR ganzjährig frei und bieten damit eine Route durch das Karator und über die Karasee bis zum Jenissej. Die russische Arktis enthält beträchtliche Öl-, Erdgas-, Holz-, Kupfer- und Nickelvorkommen, die sich am besten über den Seeweg exportieren ließen. Die regionale ebenso wie die transarktische Schifffahrt über die NSR wird sehr wahrscheinlich von einem weiteren Rückgang des Meereises und einer verlängerten Schifffahrtssaison profitieren. (...) Je weiter sich die Eisgrenze nach Norden zurückzieht, desto weiter nach Norden können Schiffe auf transarktischen Fahrten durch offene Gewässer navigieren und dadurch die flachen Schelfufergewässer und schmalen Meerengen der russischen Arktis meiden.
Quelle: Alfred-Wegener-Institut: Der Arktis-Klima-Report (2005)

M 4 Quellentext zur Nordostpassage

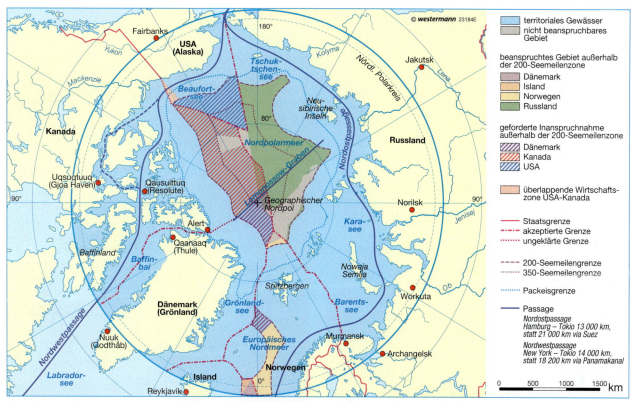

M 5 Gebietsansprüche in der Arktis

Traditionell (...) sind die Russen mit ihren riesigen Vorkommen an Öl, Gas und Erzen in Nordsibirien die Pioniere beim Anzapfen des arktischen Rohstoffschatzes. Kaum beachtet von der Weltöffentlichkeit, haben sie in der Region allerdings auch schon häufiger die Erfahrung gemacht, dass viel schiefgehen kann, wenn in einem solch sensiblen Gebiet mit brachialer Maschinengewalt Bodenschätze gefördert werden – arktisches Roulette.

Doch Umweltschutz war für die Strategen im Kreml noch nie ein vorrangiges Thema. Sie sehen im Energiesektor das Instrument, um Moskaus Stellung als Weltmacht zu zementieren. Ministerpräsident Dmitrij Medwedew stellte Anfang August ein Gesetzespaket vor, das die Ölförderung in der Arktis steuerlich begünstigt. Allein um die bereits begonnenen Erschließungsprojekte umzusetzen, werden bis 2020 rund 60 Bohrinseln für mehr als 60 Milliarden Dollar gebaut. Präsident Wladimir Putin hat zwar versprochen, „strengste Umwelttrichtlinien" einzuhalten. Wie wenig diese Beteuerungen wert sind,

zeigt aber ausgerechnet das Pionierprojekt Priraslomnoje. Im Falle einer Havarie wäre die Besatzung der Plattform auf sich allein gestellt. Der nächste Rettungstrupp ist tausend Kilometer entfernt im Nordmeerhafen Murmansk stationiert. Der aktuelle Notfallplan von Gazprom Neft Schelf sieht zur Beseitigung möglicher Umweltschäden drei Äxte, 25 Eimer, 15 Schaufeln, 15 Rechen und zwei Geländefahrzeuge vor. Die Versicherung der Bohrinsel gegen Umweltschäden beläuft sich auf lächerliche 180 000 Euro.

Die mangelnde Erfahrung russischer Konzerne mit Offshore-Projekten führt immer wieder zu Unglücken. Im vergangenen Dezember sank die mobile Bohrplattform Kolskaja im Ochotskischen Meer unweit der Insel Sachalin, als ein Eisbrecher sie im Schlepptau hatte. Gazflot, ein Tochterunternehmen von Gazprom, hatte die Plattform außerhalb der genehmigten Jahreszeiten eingesetzt. 53 der 67 Arbeiter, die zu diesem Zeitpunkt an Bord waren, starben im eiskalten Meer.

Quelle: Bidder, B., Schepp, M., Traufetter, G.: Arktisches Roulette. Der Spiegel 34/2012

M 6 Quellentext zur Gefährdung der Arktis

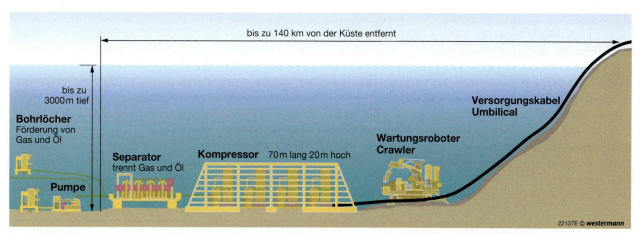

M 7 Konzept für die Unterwasser-Förderung von Öl und Gas in Extremregionen – ohne Plattformen an der Oberfläche

1.9 Klausurtraining

Der Baikalsee – ein Weltnaturerbe in Gefahr?

1. Beschreiben Sie die Bedrohung des Weltnaturerbes Baikalsee.
2. Vergleichen Sie die Entwicklung am Baikalsee mit der am Great Barrier Reef in Australien.
3. Analysieren Sie die Wirtschaft in der Region des Baikalsee.
4. Beurteilen sie die Entscheidung des Staatspräsidenten Wladimir Putin 2010, die Papierherstellung in diesem Raum wieder aufzunehmen.
Entwickeln Sie Alternativen.

M1   Atlaskarten, insbesondere Baikalsee Wirtschaft

Länge:	650 km
Breite:	bis 80 km
Fläche:	31500 km²
Tiefe:	über 1600 m
Inhalt:	20 % des flüssigen Süßwassers der Erde
Status:	Weltnaturerbe
Alter:	25 – 30 Mio. Jahre

0   100   200 km

© **westermann** 32027E

M5   Größenvergleich

M2   Burkhan Kap auf der Insel Olkhon im Baikalsee

Lage: am Baikalgebirge, nächste Großstadt: Irkutsk.
Klima: kontinental, relativ mild, Winter -20 °C, Sommer 15 °C, maximale Wassertemparatur: 10 °C.
Tektonik: Der Baikalsee ist ein Grabenbruch, Auseinanderdriften der Eurasischen und der Amurischen Platte um ca. 2 cm/Jahr.
Erschließung: Transsibirische Eisenbahn, Baikal-Amur-Magistrale, Flughäfen in Irkutsk und Ulan-Ude.
M3   Daten zum Baikalsee

M6   Papierfabrik am Baikalsee bei Baikalsk

Weltnaturerbe

Die UNESCO (United Nations Educational, Scientific and Cultural Organization) vergibt an einzigartige und schützenswerte Stätten den Titel Welterbe. Sie unterscheidet dabei zwischen Weltkulturerbe (von Menschen erbaut) und Weltnaturerbe (durch die Natur geschaffen). 2014 gab es weltweit 779 Kulturdenkmäler und 197 Naturdenkmäler. 39 Welterbestätten stehen in Deutschland (36 Kultur- und drei Naturerbestätten).

Nach dem Zweiten Weltkrieg wurde die Industrialisierung in der Umgebung des Sees vorangetrieben, was vor allem durch die Transsibirische Eisenbahn und die Baikal-Amur-Magistrale ermöglicht wurde. Dazu baute man Papier- und Zellstofffabriken bei Baikalsk (1966) und Selengsnk. Man begann zudem damit, den See exzessiv zu befischen. Durch die zunehmende Industrialisierung wuchsen auch die Städte am Seeufer, insbesondere Baikalsk. Die Abwässer der Stadt und der Industrie werden ungereinigt in den Baikalsee geleitet. Beides trägt erheblich zu einer Belastung der dortigen Umwelt bei, also des Seewassers wie auch der Böden und der Luft.

Die Papier- und Zellstofffabrik bei Baikalsk erhielt 2003 einen Kredit der Weltbank, Angaben von Greenpeace zufolge, in Höhe von 22,4 Mio. US-Dollar, um die damals mit 33,5 Mio. US-Dollar veranschlagte Modernisierung des Werkes mitzufinanzieren. Da die Umsetzung des Umbauplanes mangelhaft geblieben war, zog die Weltbank 2005 den Kredit wieder zurück. Der Gouverneur des Gebiets Irkutsk versprach

2009 die Schließung des Werkes. Diese Entscheidung wurde jedoch von Ministerpräsident Putin revidiert, was zum Protest durch Umweltexperten führte.

Das Landschaftsbild am Baikalsee wird bedroht durch die Nutzung von Wäldern in Form von Kahlhieben, die das Erscheinungsbild in der Nähe des Sees stark verändern. Das Ufer wird zunehmend durch Datschas neureicher Russen bebaut, oft unter der Umgehung von nationalen oder regionalen Gesetzen zum Natur- und Landschaftsschutz.

Um der Zerstörung der Landschaft und der Natur der Baikalregion entgegenzuwirken, wurden vielerorts Naturschutzgebiete und teils auch Nationalparks eingerichtet. (...) Außerdem ist der Baikalsee gänzlich von einer Küstenschutzzone umgeben.

Im Jahr 1996 wurde die riesige Baikalregion von der UNESCO in die Liste des Welterbes als Weltnaturerbe aufgenommen.
Quelle: www.de.wikipedia.org/wiki/Baikalsee#Naturschutz

M4   Quellentext zum Naturschutz am Baikalsee

„Unglaublich, solche Fische kenne ich nur aus dem Aquarium", schwärmt Nancy Wong aus Malaysia. „Ich habe blaue und gelbe Korallen gesehen, wie Schwämme sahen die aus, und dazwischen kam Nemo zum Vorschein", sagt ihre zehnjährige Tochter Lynn. Der Zeichentrickfilm „Findet Nemo" mit dem süßen Clownfisch aus dem Pazifik hat dem ohnehin populären Barrier Reef viele weitere Besucher beschert. 1981 zeichnete die UN-Kulturorganisation UNESCO es als Weltnaturerbe aus. Doch die Idylle ist in Gefahr: An der Ostküste sollen die größten Kohlehäfen der Welt entstehen. Dafür muss tief gebaggert werden, der Aushub soll ins Meer gekippt werden. 2000 Kilometer nördlich von Sydney liegt Abbot Point, ein Brennpunkt für Umweltschützer und die UNESCO.(...)

In Abbot Point sollen bald Riesenmengen Kohle verschifft werden, im Galilee-Becken 500 Kilometer im Hinterland sind gigantische neue Bergwerke geplant. Den Hafen gibt es seit 1984. Die Lage ist attraktiv, weil sich 300 Meter lange Frachter in Küstennähe, über eine zweieinhalb Kilometer weit ins Meer gebaute Mole, beladen lassen. Die indische Firma Adani hat den Hafen gepachtet und will die Kapazität von 50 auf 120 Millionen Tonnen Kohle im Jahr ausbauen – das wäre der größte Kohlehafen der Welt.

Tubs, [ein einheimischer Fischer], sieht schwarz „Die Fischgründe sind schon jetzt hin, wir bekommen hier kaum noch etwas an die Angel." (...) Umweltschützer und UNESCO sind vor allem alarmiert, weil für neue Schifffliegeplätze am Ende der Mole drei Millionen Tonnen Schlamm und Sand ausgehoben werden müssen. Der Aushub soll verklappt werden, etwa 25 Kilometer nordöstlich des Hafens, in 40 Metern Tiefe, in einem 400 Hektar großen Areal im Great-Barrier-Reef-Marineschutzpark. (...) „Ich tauche seit 30 Jahren am Barrier Reef, die Sicht ist immer schlechter geworden", sagt Col McKenzie, Direktor des Verbandes der Tourismusanbieter im Marinepark. „Ist das Wasser trüb, kommt weniger Licht in

M 7   Korallen im Great Barrier Reef

die Tiefe, die Korallen sterben, und ohne Korallen verschwinden auch die Fische." Der Tourismus ist größter Arbeitgeber entlang des 2300 Kilometer langen Riffs. „Wir kämpfen um unsere Zukunft", erklärt er.

Quelle: Oelrich, C.: Great Barrier Reef: Weltnaturerbe in Gefahr. Westdeutsche Zeitung 6.6.2014

M 8   Quellentext zur Bedrohung des Great Barrier Reef

Korallen

Der Lebensraum der Warmwasserkorallen ist das tropische, klare, salzhaltige Meerwasser, dessen Temperatur mindestens 18 °C betragen muss. Sie leben in Tiefen bis 30 Meter und ernähren sich von Plankton. In abgestorbenem Zustand bilden Korallen ein hartes, sehr poröses (durchlöchertes) Kalkgestein.

Der Aufbau von Klausuren

Allgemeine Hinweise

Klausuren sind materialgebundene Problemerörterungen mit Raumbezug (Kerncurriculum/Lehrplan Erdkunde/Geographie für die gymnasiale Oberstufe). In Klausuren sind die drei Anforderungsbereiche bei der Aufgabenstellung mit den Operatoren
• Sachverhalte beschreiben, wiedergeben
• Sachverhalte erklären, erläutern,
• Sachverhalte erörtern, beurteilen
zu berücksichtigen. Dies ist in den Bundeseinheitlichen Prüfungsanforderungen (EPA) für das Fach Erdkunde/Geographie festgelegt. Der Schwerpunkt der Klausur liegt im Anforderungsbereich II. Sofern Sie in Ihrer Klausur lediglich den Anforderungsbereich I abdecken, darf nur die Note „ausreichend" erteilt werden. Für die Note „gut" und besser muss der Anforderungsbereich III erreicht sein.

Die Klausur zum Baikalsee

Bei der vorliegenden Klausur entsprechen die Aufgaben 2 und 3 dem Anforderungsbereich II. Die Operatoren „Beschreiben Sie ...(Aufgabe 1), Vergleichen Sie... (Aufgabe 2), Analysieren Sie ...(Aufgabe 3), Beurteilen Sie ..., Entwickeln Sie ...(Aufgabe 4) sind den Anforderungsbereichen zugeordnet und sollen Ihnen die Materialien entschlüsseln. Der Schwierigkeitsgrad nimmt mit den Aufgaben aufsteigend zu. Bei der Auswahl der Materialien wurden unterschiedliche Methoden des Faches (Bilder-, Text- und Kartenauswertung) berücksichtigt. Auf Grund der Materialienfülle ist diese Arbeit eher für die vierstündige Klausur unter Abiturbedingungen bzw. für einen Kurs auf erhöhtem Niveau (Leistungskurs) geeignet. Bei Wegfall der Aufgabe 2 wäre diese Arbeit als zweistündige Klausur denkbar.

Inhaltliche Anforderungen

In dieser Klausur stehen zwei Naturwelterben zum Vergleich, wobei Ökonomie jeweils versus Ökologie steht. Der Schwerpunkt der Klausur liegt allerdings auf dem Baikalsee.
• **Aufgabe 1:** Die Bedrohung des Baikalsees (Aufgabe 1) lässt sich anhand des Textes und der Bilder erschließen. M 6 führt die Umweltbelastung durch die Papier- und Zellstofffabriken vor Augen. Hinzu kommen die Abwässer durch die Industrie und die Städte und das Abholzen der Wälder als Rohstoff für die Industrie (M 4).
• **Aufgabe 2:** In dem Vergleich ist auszuführen, dass der Baikalsee durch die Papierfabriken und das Great Barrier Reef durch den geplanten Bau des größten Kohlehafens der Welt für den Kohleexport bedroht sind. Der Aushub für den Hafen soll verklappt werden, was zum Absterben der Korallen führt (M 8). Zwei Umweltparadiesen (M 2, M 7) droht somit die Zerstörung.
• **Aufgabe 3:** Durch die Auswertung der Wirtschaftskarte (M 2) wird erkennbar, dass der Tourismus eine Alternative zur Holzverarbeitung und zur Papierindustrie ist.
• **Aufgabe 4:** Bei der Beurteilung, ob der Tourismus eine Alternative zu der Zelluloseindustrie darstellt, sind die Weite Russlands, das Klima am Baikalsee und die verkehrsmäßige Erschließung einzubeziehen. Einbezogen werden sollten auch die Gesichtspunkte Massen- und Individualtourismus. Zu bedenken ist weiterhin, aus welchen Herkunftsländern Touristen angezogen werden sollen. Bisher überwiegt der Individualtourismus, könnte ein Massentourismus überhaupt verkraftet werden? Sollten Sie wie der russische Staatspräsident Putin die Zelluloseindustrie als wirtschaftlich notwendig ansehen, so wäre die Einhaltung harter Umweltschutzbedingungen mit zu bedenken.

Zusammenfassung

Der Naturraum

Russland besitzt eine gewaltige Ausdehnung und scheinbar unerschöpfliche Rohstoffvorkommen. Bis auf die tropische Zone hat der weltweit größte Staat Anteil an allen Klima- und Vegetationszonen der Erde. Der Permafrost (Kältegrenze), aber auch die Trockenheit (Trockengrenze) in den südlichen Landesteilen und das Relief der Hochgebirge (Höhengrenze) beschränken die Landwirtschaft auf ein relativ kleines „Agrardreieck" – vor allem Tiefländer mit fruchtbaren Schwarzerdeböden. Nur 12,5 Prozent der russischen Landesfläche sind landwirtschaftlich nutzbar. So wundert es nicht, dass das große, dünn besiedelte Land keineswegs zu den größten Agrarproduzenten zählt. Seine Bewohner haben jedoch die Fähigkeit entwickelt, den über weite Räume widrigen klimatischen Bedingungen standzuhalten.

Russland...

Die Erschließung Russlands vollzog sich ähnlich wie in den Vereinigten Staaten in Form einer wellenartigen Ausbreitung. Im Gegensatz zu den USA ist in Russland der Prozess der Erschließung bei weitem noch nicht abgeschlossen. Im 16. und 17. Jahrhundert waren es Pelztierjäger, Händler, Bergleute und Verbannte, die nach Sibirien vordrangen. In der Mitte des 18. Jahrhunderts setzte die agrarische Kolonisation ein. Wiederum in Analogie zu den Vereinigten Staaten wurde auch in Russland die Eisenbahn zum Motor der Erschließung – in diesem Fall der Bau der Transsibirischen Eisenbahn (1891–1903). Entlang der Bahnlinie begann die forcierte Industrialisierung. Europäisch geprägte Russen trafen auf Steppenvölker. Nach wie vor ist Sibirien jedoch ein weitgehend unerschlossener, nur spärlich besiedelter Großraum, in dem lediglich Rohstoffe gewonnen werden. Zunehmend gerät in Russland die Arktis in den Blick. Unter dem Eis werden riesige Rohstoffvorkommen – vor allem Erdöl und Erdgas – vermutet. Mit dem Abschmelzen der Polkappe werden diese Rohstoffe erschließbar.

... und die asiatischen Nachfolgestaaten

Mit dem Ende der Sowjetunion 1991 wurden die 14 ehemaligen Unionsrepubliken unabhängig. Ihr Verhältnis zum großen Nachbarn Russland und eine mögliche Annäherung an Europa stehen momentan mehr denn je auf dem Prüfstand. Estland, Lettland und Litauen sind in die Europäische Union aufgenommen worden und gehören inzwischen der NATO an. Georgien und die Ukraine streben eine Bindung an den Westen an. Die asiatischen Nachfolgestaaten, von denen zumindest einige beträchtliche Ressourcen zu bieten haben, sind auf vielfältige Weise noch stark mit Russland verknüpft.

Kompetenzcheck

		Kapitel
Fachmodul	• Physisch-geographische Faktoren (FM 1)	1.4–1.8
	• Grundzüge der naturräumlichen Gliederung (FM 1)	1.5–1.6
	• Eingriffe in Ökosysteme (FM 1)	1.6–1.9
	• Aspekte des Klimawandels (FM 1)	1.7–1.8
	• Ursachen und Erscheinungsformen regionaler, internationaler und globaler Verflechtungen (FM 2)	1.3, 1.4, 1.8
	• Stellenwert von Räumen in der Weltwirtschaft (FM 2)	1.8
	• Indikatoren des Entwicklungsstands, sozial- und wirtschaftsräumliche Disparitäten (FM 2)	1.4
	• Pflanzliche, mineralische und energetische Rohstoffe (FM 3)	1.4, 1.6, 1.8
	• Ressource Wasser (FM 3)	1.9
	• Agrarische Tragfähigkeit und Ernährungssicherung (FM 3)	1.4, 1.6
	• Nachhaltige Raumnutzung – Anforderungen und Maßnahmen (FM 3)	1.7, 1.9
Raummodul	• Probleme der Raumnutzung (z. B. Raumweite, naturräumliche Herausforderungen) (RM 9)	1.2, 1.5–1.8
	• Der Transformationsprozess und seine wirtschaftsstrukturellen Auswirkungen (RM 9)	1.3–1.4
	• Russlands wirtschaftsräumliche Verflechtung mit Nachfolgestaaten der früheren Sowjetunion (RM 9)	1.3

Weiterführende Literatur und Internetlinks

Diercke Regionalatlas Russland
• Entwicklung zur kommunistischen Weltmacht Russland 1917–1945
• UdSSR: Zerfall und ethnische Migration

Diercke Regionalatlas Polargebiete und Weltmeere

Matthias Erich Baumann: Russland und China. Braunschweig: Westermann 2008

Jörg Stadelbauer: Die Nachfolgestaaten der Sowjetunion. Darmstadt: WBG 1996

Praxis Geographie
• „Russlands Norden" 2/2015
• „Sibirien" 6/2006

Geographische Rundschau
• „Zentralasien" 11/2013
• „Polarregionen" 12/2011
• „Russland - Großmacht im globalen Wandel – Russisches Roulette" 1/2011
• „Kaukasien" 3/2006
• „Mittelasien" 10/2004
• „Russland" 12/2003

www.diercke.de
• Sibirien (Erschließung)
• Privolnaja (Region Krasnodar) – Ackerbau auf Schwarzerde
• Arktis – Hoheitsansprüche
• Baikalsee – Wirtschaft uvm.

Zeitschrift „Fluter". H. 54/2015. BpB

Allgemeine Informationen zu Russland
• Russland-Analysen
  www.laender-analysen.de/russland
• www.bpb.de/russland

Goskomstat
• www.gks.ru
Offizielle Website des staatlichen Amtes für Statistik der Russischen Föderation mit statistischen Daten zu Bevölkerung und Wirtschaft sowie mit offiziellen Kenndaten zum Lebensstandard, zum Einkommen und zur Wohnsituation in Russland (engl.)

World Ocean Review: Rohstoffe aus dem Meer – Chancen und Risiken
• http://worldoceanreview.com

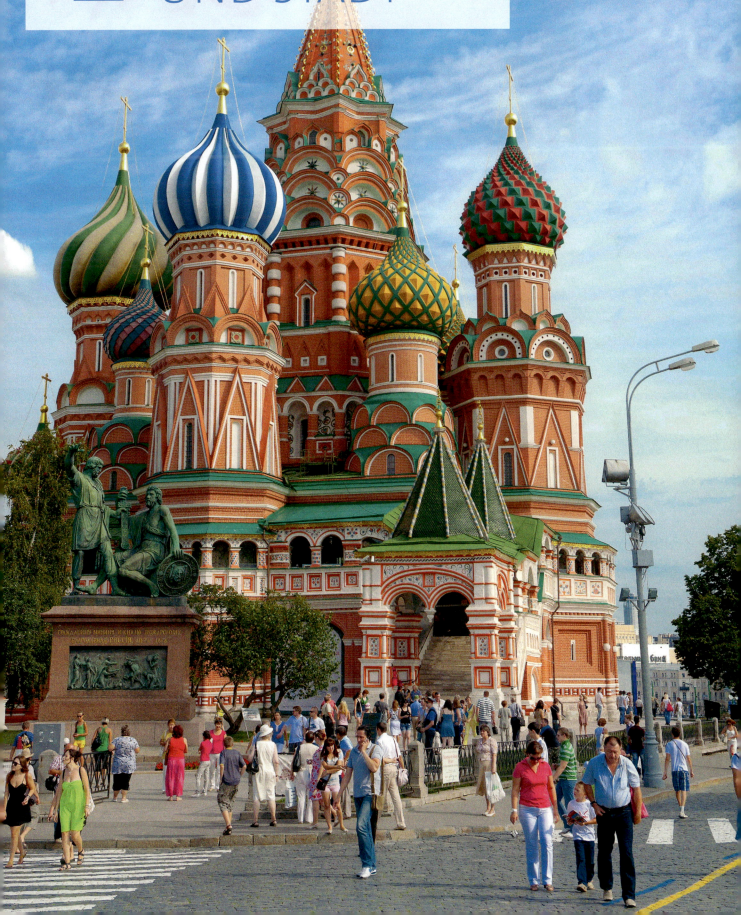

2 BEVÖLKERUNG UND STADT

2.1 Räumliche Disparitäten: Aktiv- und Passivräume

M1   Metro in Moskau, Russland

M3   Rentierzüchter in der Republik Komi, Russland

Durch die wirtschaftliche und soziale Entwicklung in einem Staat entstehen räumliche Disparitäten zwischen Aktivräumen und Passivräumen. Aktivräume sind in der Regel städtische Dienstleistungs- und Industriezentren mit wachsender Bevölkerung – zumeist durch Zuwanderung. Als Passivräume gelten hingegen periphere und strukturschwache ländliche Räume oder altindustrialisierte Regionen mit schrumpfenden Industriebranchen. Passivräume leiden zumeist unter der Abwanderung junger, mobiler und gut ausgebildeter Menschen (soziale Erosion). Daraus resultieren oftmals Überalterung, Bevölkerungsrückgang und Probleme bei der Aufrechterhaltung der technischen und sozialen Infrastruktur. Die wirtschaftliche und soziale Entwicklung führt meist auch zur sozialen Polarisierung, also zu einer Verschärfung der sozialen Disparitäten zwischen Arm und Reich. Außer durch die wirtschaftliche und soziale Entwicklung wird die Bevölkerungsentwicklung in starkem Maße geprägt durch Wertvorstellungen und Traditionen, also durch die soge-

nannte psychosoziale Sphäre. Die Migration wird gesteuert durch die Push- und Pull-Faktoren sowohl innerhalb eines Staates als auch bei der Außenwanderung (Immigration bzw. Emigration über die Staatsgrenzen hinweg).

In einem riesigen Flächenstaat wie Russland ergeben sich allein schon aus den naturräumlichen Faktoren große räumliche Disparitäten. Um die weitere wirtschaftliche und soziale Entwicklung in den ausgeprägten Aktiv- und Passivräumen bewerten zu können, ist zunächst eine Raumanalyse erforderlich: Werden sich die räumlichen Disparitäten weiter verschärfen? In welchen Räumen wird die russische Bevölkerung in Zukunft wachsen bzw. schrumpfen? Welche Rolle spielen die Wanderungsbewegungen? Wird die russische Gesellschaft das Auseinanderdriften von Arm und Reich verkraften können? Welche Auswirkungen haben die bislang genannten Faktoren auf das russische Städtesystem und auf die Entwicklung in den Städten bzw. Stadtregionen? Und wie wird Russland mit den Unabhängigkeitsbestrebungen von ethnischen Minderheiten umgehen?

M2   Inhaltliche Strukturskizze

---

1. Beschreiben Sie die Fotos (M1, M3) im Zusammenhang mit der inhaltlichen Strukturskizze (M2).
2. Analysieren Sie die Verteilung der Bevölkerung auf das Staatsgebiet Russland (M4) vor dem Hintergrund von Klima, Relief und Verkehrserschließung.
3. Entwickeln Sie eine Arbeitsdefinition des Begriffs „Räumliche Disparitäten" (M4 und M5).

Siedlungsdichte
(Anzahl der Siedlungen pro Flächeneinheit)

- hoch (dichtes Siedlungsnetz)
- gering (wenige Siedlungen mit hoher Bevölkerungszahl)
- locker, vereinzelt besiedelt

Orte (Einwohner)

- über 5 000 000
- 1 000 000 – 5 000 000
- 500 000 – 1 000 000
- 100 000 – 500 000
- unter 100 000

Verkehr (räumliche Erschließung)

- Eisenbahn
- Transsibirische Eisenbahn
- Baikal-Amur-Magistrale (BAM)
- 1900 Jahr des Eisenbahnbaus
- Fernstraße

- Seeweg
- ✈ Flughafen (international)
- ✈ Flughafen (regional)
- ⚓ Seehafen (international)
- ⚓ Seehafen (regional)

M 4 Siedlungsdichte in Russland und angrenzenden Staaten

Bruttoinlandsprodukt/Bruttoregionalprodukt pro Ew.
(nach Kaufkraftparitäten)

2500 5000 10000 15000 25000 (in US-Dollar)

- Staatsgrenze
- Föderationskreis
- Föderationssubjekt (Republik, Region, Oblast u.a.)
- **Wolga** Föderationskreis

© westermann 23073E

M 5 Bruttoinlandsprodukt pro Einwohner in Russland und den ehemals sowjetischen Republiken 2012 (Datenstand bei Redaktionsschluss)

2.2 Bevölkerungsstruktur und -entwicklung

Wer in Russland geboren wird, hat eine deutlich geringere Lebenserwartung als vergleichsweise Menschen in den USA oder in der Europäischen Union. Dies gilt vor allem für die Männer, die durch übermäßigen Alkohol- und Nikotinkonsum ebenso gefährdet sind wie durch physische Gewalt und durch Unfälle. Insgesamt sinkt die Bevölkerungszahl Russlands, und die Prognosen für die Zukunft sind durchweg negativ. Ein grundlegender Wandel der staatlichen Gesundheits-, Sozial- und Bevölkerungspolitik steht ebenso aus wie Veränderungen der psycho-sozialen Einstellungen.

1. Beschreiben Sie die Altersstruktur in Russland (M 1).
2. Erläutern Sie die Bevölkerungsentwicklung in Russland – auch vor dem Hintergrund des Modells des demographischen Übergangs (M 5, M 12).
3. Analysieren Sie das Problem der geringen Lebenserwartung in Russland (M 6 – M 10).
4. Vergleichen Sie die demographischen Daten und den Entwicklungsstand Russlands, der ehemals sowjetischen Republiken Mittelasiens und der Volksrepublik China (M 2 – M 4).
5. Erörtern Sie mögliche Ansatzpunkte für eine Umkehr in der Gesundheitspolitik in Russland – auch im Vergleich zu Deutschland (M 11).

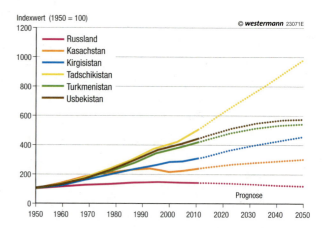

M 4   Bevölkerungsentwicklung und -prognose ausgewählter Staaten 1950 – 2100 (ab 2012 Prognose)

Zusammengefasste Fruchtbarkeitsziffer/Total Fertility Rate (TFR)
Die Kennzahl gibt an, wie viele Kinder eine Frau (15 bis 45 Jahre) im Laufe ihres Lebens bekommen würde, wenn die für den gegebenen Zeitpunkt maßgeblichen Fruchtbarkeitsverhältnisse der betrachteten Population als konstant angenommen werden. Das Erhaltungsniveau beträgt 2,1 Kinder je Frau.

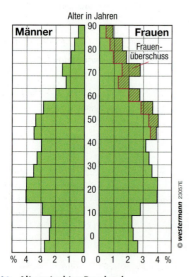

M 1   Altersstruktur Russland

M 3   Bevölkerungsentwicklung 1989 – 2009 (2009 letzter Zensus)

	RUS	KAZ	KGZ	TJK	TKM	UZB	CHN
Bevölkerung 2014/2050* (in Mio.)	144/134	17,3/24,5	5,8/9,4	8,3/14,8	5,3/6,6	30,7/38,1	1364/1311
Geburtenrate (in ‰)	13	23	28	34	22	22	12
Sterberate (in ‰)	13	8	7	7	8	5	7
Wachstumsrate (in %)	0,0	1,5	2,1	2,7	1,4	1,7	0,5
Säuglingssterblichkeit (in ‰)	10	28	27	57	47	44	15
Total Fertility Rate (TFR)	1,7	2,7	3,2	3,8	2.4	2,4	1,6
Bevölkerung <15 J./>65 J. (in %)	16/13	25/07	31/04	36/03	28/04	28/04	16/10
Lebenserwartung (in Jahren)	71	70	70	67	65	68	75
Lebenserwartung m./w. (in Jahren)	65/76	65/74	66/74	64/71	61/70	65/72	74/77
Familienplanung verheirateter Frauen (15-49 J.) (in %)	68[1] 55[2]	51[1] 50[2]	36[1] 34[2]	28[1] 26[2]	48[1] 46[2]	65[1] 59[2]	85[1] 84[2]
BNE pro Ew. (KKP in US-$)[3]							

* Prognose; [1] Familienplanung insgesamt; [2] Familienplanung: moderne Methoden; [3] Bruttonationaleinkommen nach Kaufkraftparitäten

RUS = Russland; KAZ = Kasachstan; KGZ = Kirgisistan; TJK = Tadschikistan; TKM = Turkmenistan; UZB = Usbekistan; CHN= Volksrepublik China (zum Vergleich)

M 2   Demographische Daten zu Russland, den zentralasiatischen Nachfolgestaaten der Sowjetunion und China 2014

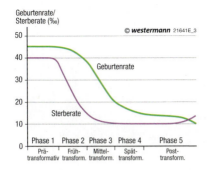

M5 Modell des demographischen Übergangs

Modell des demographischen Übergangs

Das Modell des demographischen Übergangs ist ein sogenanntes empirisches Modell, das auf der Basis der langfristigen statistischen Entwicklung der Bevölkerung in den Industrieländern Westeuropas sowie in den USA und in Australien entwickelt wurde. Ob es als Modell für die Prognose der Bevölkerungsentwicklung in den Entwicklungsländern geeignet ist, gilt als umstritten.

M12 Russland: Geburten- und Sterberate

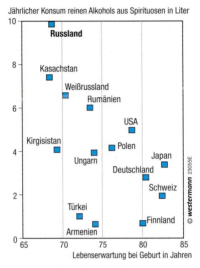

M6 Lebenserwartung/Alkoholkonsum 2010

M8 Lebenserwartung in Russland und den Nachfolgestaaten der Sowjetunion (2013)

Man muss nicht an die abgelegensten Orte reisen, um eine Vorstellung von der demographischen Krise Russlands zu bekommen. 170 km nördlich von Moskau, im Verwaltungsbezirk Twer, kamen in den vergangenen Jahren auf jede Geburt mehr als zwei Todesfälle. 1,32 Millionen Einwohner leben noch im Gebiet Twer. Wie die letzte Volkszählung im Herbst 2010 ergab, sind das 300 000 weniger als vor 20 Jahren.
Seit dem Ende der Sowjetunion 1991 hat Russland fast 6 Millionen Einwohner verloren. Auch die Rückkehr von Russen aus den ehemaligen Sowjetrepubliken konnte diesen Aderlass nicht ausgleichen. (…) In Twer erklärt man sich den Einwohnerschwund mit dem Wegzug der Jungen in die nahe Hauptstadt. Tatsächlich zieht es die Jüngeren nach Moskau oder Sankt Petersburg, wo sie ein besseres Gehalt oder eine interessantere Arbeit finden. Aber dieser Verlust wird durch die Immigration aus anderen russischen Regionen oder Zentralasien mehr als ausgeglichen. Hauptgrund für den Bevölkerungsrückgang ist die niedrige Lebenserwartung der männlichen Bevölkerung, die 2008 im Verwaltungsbezirk Twer bei 58,3 Jahren lag, noch unter der in Benin oder Haiti. (…) Der Weltgesundheitsorganisation (WHO) zufolge stirbt jeder fünfte russische Mann an den Folgen von übermäßigem Alkoholkonsum. (…) Dem wirtschaftlichen Niedergang nach 1991 folgte außerdem eine Zunahme der Gewalt. Russland verzeichnet weltweit die zweithöchste Suizidrate bei Männern, europaweit die meisten Verkehrstoten (33 000 im Jahr) und die meisten Tötungsdelikte. (…) Während viele Industrieländer aufgrund der wachsenden Anforderungen in Pflege und Behandlung die öffentlichen und privaten Ausgaben im Gesundheitssystem erhöhten, geschah in Russland das Gegenteil.
Quelle: Descamps, P.: Der demographische Niedergang – Alkohol, Gewalt und eine schlechte Gesundheitsversorgung. Edition Le Monde diplomatique 13/2013

M7 Quellentext zur niedrigen Lebenserwartung in Russland

„Unsere Kultur ist so eng mit dem Alkoholkonsum verflochten, dass eine Entwöhnung nur langsam erreicht werden kann."
Igor Rakitin, *Leiter der Gesundheitsbehörde von Sankt Petersburg*
M9 Zitat

	Konsum Alkohol* (in l/Jahr/Ew.)[1]	Anteil Raucher (m./w. in %, > 20 Jahre)[2]	Anteil Fettleibige (m./w. in %, > 15 Jahre)[3]
Russland	15,1	59 / 25	18,4 / 29,8
Deutschland	11,8	35 / 25	23,1 / 19,2
Welt	6,2	36 / 8	10,0 / 14,0

M10 Gesundheitsrisiken ([1] 2010, [2] 2008, [3] 2011, * alle Alkoholika)

			1995	2000	2005	2012
Russland	Gesundheitsausgaben/ Ew. (in US-$)		113	96	277	887
	Gesundheitsausgaben (in % des BIP)	Privat	1,4	2,2	2,0	2,4
		Öffentl.	4,0	3,2	3,2	3,8
		Total	5,4	5,4	5,2	6,3
Deutschland	Gesundheitsausgaben/ Ew. (in US-$)		3129	2387	3624	4683
	Gesundheitsausgaben (in % des BIP)	Privat	1,9	2,1	2,5	2,7
		Öffentl.	8,2	8,3	8,3	8,6
		Total	10,1	10,4	10,8	11,3
Welt	Gesundheitsausgaben/ Ew. (in US-$)		463	493	709	1030
	Gesundheitsausgaben (in % des BIP)	Privat	3,4	3,9	4,2	4,1
		Öffentl.	5,5	5,3	5,9	6,1
		Total	8,8	9,3	10,1	10,2

M11 Gesundheitsausgaben 1995–2012

2.3 Soziale Polarisierung – Welten zwischen Arm und Reich

Russland gehört zu den Staaten mit der größten Ungleichverteilung der privaten Vermögen und Einkommen. Den wenigen Reichen und Superreichen steht ein Heer von Menschen gegenüber, die mit wenigen Tausend Rubel (1000 Rubel: etwa 16 Euro; 2015) im Monat auskommen müssen. Bei mehr als der Hälfte der russischen Haushalte fehlen jegliche Ersparnisse. Diese leiden daher unter chronischer Armut oder sind von Armut bedroht. Steigende Lebenshaltungskosten in den grundlegenden Bereichen Wohnen und Ernährung, z.B. durch eine hohe Inflationsrate bei gleichzeitig stagnierenden Einkommen, werden für immer mehr Menschen zur Bedrohung. Die weit verbreitete Armut findet sich in peripheren ländlichen Regionen ebenso wie in den Altbauten und Großwohnsiedlungen der russischen Städte. Obdachlose und Straßenkinder sind von Armut besonders schwer betroffen.

1. Beschreiben Sie die Fotos (M 3, M 6, M 11 – Methode: Foto-Assoziation).
2. Analysieren Sie die sozialen Disparitäten in Russland mit Hilfe verschiedener, geeigneter Materialien.
3. Vergleichen Sie die sozialen Disparitäten in Russland mit denen in anderen Staaten (M 1, M 4, M 9).
4. Beurteilen Sie mögliche Auswirkungen von Sanktionen der EU und von Gegensanktionen (z.B. Importverbot von Lebensmitteln aus der EU) auf die verschiedenen sozialen Schichten in Russland.
Ⓩ 5. Entwerfen Sie eine Lorenzkurve für Deutschland, Südafrika und für Georgien. Vergleichen Sie die Ergebnisse.

M 3   Feinkostladen Jelissejew in Moskau, Russland

	Milliardäre		Multimillionäre	
	2013 (Rang)	2003 (Rang)	2013	2003
USA	417 (1)	319 (1)	39 378	30 125
China	179 (2)	37 (4)	7 905	1 633
Großbritannien	94 (3)	76 (2)	10 149	8 209
Russland	92 (4)	20 (8)	1 292	274
Deutschland	81 (5)	57 (3)	11 392	8 059
Indien	60 (6)	23 (7)	1 576	598
Türkei	41 (7)	18 (10)	1 923	828
Hongkong	40 (8)	26 (6)	2 560	1 668

M 4   US-$-Milliardäre und Multimillionäre (> 30 Mio. US-$)

	1. Quintile[1]	2. Quintile	3. Quintile	4. Quintile	5. Quintile[2]
Russland (1988)	10,0 %	14,6 %	18,5 %	23, 2 %	33,6 %
Russland (2009)	6,5 %	10,6 %	14,8 %	21,2 %	47,0 %
Georgien (2012)	5,3 %	10,2 %	15,1 %	22,2 %	47,1 %
Kasachstan (2010)	9,5 %	13,4 %	16,9 %	22,0 %	38,3 %
Deutschland (2010)	8,3 %	13,1 %	17,1 %	22,4 %	39,0 %
Dänemark (2010)	9,1 %	14,5 %	17,9 %	22,3 %	36,2 %
Südafrika (2011)	2,5 %	4,3 %	7,7 %	15,7 %	69,8 %

M 1   Einkommensverteilung ([1] Ärmste 20 %, [2] Reichste 20%, jeweils letzte Erhebungen)

Jahr	Durchschnittseinkommen (in Euro)
2005	243
2007	388
2009	422
2011	572
2013	708
2014	620

M 5   Russland: Durchschnittseinkommen

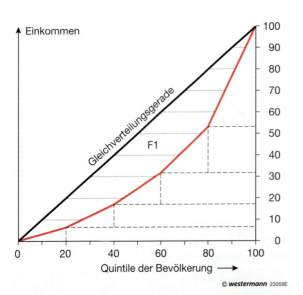

M 2   Lorenzkurve der Einkommensverteilung in Russland 2009

© *westermann* 23059E

Lorenzkurve

Die Ungleichverteilung des Einkommens kann mit der Lorenzkurve veranschaulicht werden. So besitzt das reichste Fünftel (Quintil) der Bevölkerung 47 % des Einkommens, das ärmste Fünftel (Quintil) dagegen nur 6,5 %. Dadurch wird die soziale Polarisierung deutlich. Stehen statistische Angaben nach Zehnteln (Dezile) der Bevölkerung zur Verfügung, so kann die Lorenzkurve genauer und somit realistischer konstruiert werden. Je weiter die Lorenzkurve von der Gerade der Gleichverteilung entfernt ist, desto ungerechter ist die Einkommens- oder auch die Vermögensverteilung in einem Staat.

Gini-Koeffizient

Der Gini-Koeffizient ist eine Kennziffer für die ungleiche Verteilung (z.B. von Einkommen, Vermögen, Bevölkerung). Er wird ermittelt durch folgende Formel: F_1 geteilt durch F_{gesamt}. Die Fläche F_1 ist die Fläche zwischen der Gerade der Gleichverteilung (Hypotenuse) und der Lorenzkurve. F_{gesamt} ist die Dreiecksfläche zwischen den Achsen und der Hypotenuse. Bei absoluter Gleichverteilung beträgt der Gini-Koeffizient 0, bei völliger Ungleichheit 1.

M 6   Supermarkt in Moskau, Russland

M 11   Rentnerin in Tomsk, Russland

M 7   Russland: Absolute Armut nach nationaler Existenzminimumsgrenze

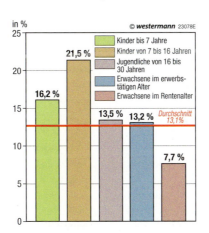

M 10   Russland: Anteil der Bevölkerung unterhalb des Existenzminimum 2010

Kinder	L: 61 € K: 28 € D: 52 €	Insgesamt: 142 €
Erwachsene	L: 60 € K: 22 € D: 60 € S: 16 €	Insgesamt: 158 €
Rentner	L: 52 € K: 20 € D: 44 €	Insgesamt: 116 €
Durchschnitt	L: 58 € K: 23 € D: 55 € S: 10 €	Insgesamt: 146 €

L = Lebensmittel, K = Konsumgüter, D = Dienstleistungen, S = Steuern

M 12   Russland: Definition des Existenzminimums 2010 (in Euro/Monat)

Von den Gefahren der Armut sind im heutigen Russland wesentlich mehr gesellschaftliche Schichten betroffen, als es die offizielle Armutsstatistik und der Anteil jener, die unter der offiziellen Armutsgrenze leben, glauben machen. (...) Vor dem Hintergrund der extremen Ungleichverteilung der Einkommen in der russischen Gesellschaft sowie eines sehr niedrigen Einkommensniveaus betrifft das Armutsproblem auf die eine oder die andere Weise einen viel größeren Teil der russischen Bevölkerung. (...) Die Verschlechterung des Lebensstandards bei praktisch vollkommenem Fehlen jeglicher Art von Ersparnissen bei mehr als der Hälfte der Bevölkerung wie auch die sehr geringen Einkommensunterschiede zwischen den unteren drei Einkommensfünfteln führten dazu, dass sich ungefähr die Hälfte der russischen Bevölkerung entweder im Bereich der chronischen oder der situationsabhängigen Armut befindet. Die situationsabhängige Armut, die sich häufig in eine chronische entwickelt, hängt mit den hohen Armutsrisiken in den unteren drei Einkommensfünfteln zusammen. Verschlechterungen der materiellen Lebensumstände (eine ernsthafte Erkrankung eines Haushaltsmitglieds oder der Tod eines arbeitenden Familienmitglieds, Trennung, die Geburt von Zwillingen, Verlust der Arbeit u. a.) führen zu einem Abrutschen unter die Armutsgrenze, manchmal nur vorübergehend, manchmal aber auch langfristig.

Quelle: Tichonowa, N. E.: Armut in Russland. Russland Analysen 17.6.2011

M 8   Quellentext zur Armut in Russland

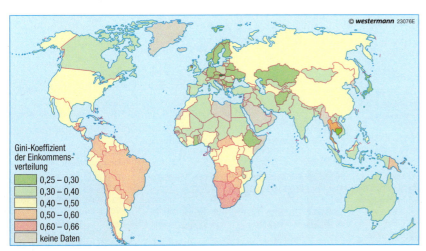

M 9   Gini-Koeffizient 2013

Russland ist zugleich über alle Maßen reich und arm. Zwischen Moskau und Wladiwostok leben über einhundert Dollarmilliardäre, aber niemand kennt die genaue Anzahl der Armen im Land. (...) Man tut sich in Russland auch deshalb schwer mit der Definition von Armut, weil in der Sowjetunion offiziell keine Armut existierte. Armut galt als Phänomen, welches nur im Ausland anzutreffen war.

Ute Weinman, deutsche Journalistin (2009)

Inflation, Armut, Arbeitslosigkeit und Korruption sind die Hauptfeinde unserer Freiheit.

Dmitri Medwedew, ehemaliger russischer Präsident (2012)

M 13   Zitate

2.4 Ethnische Minderheiten in Russland

Russland ist ein Vielvölkerstaat. 20 Prozent der Gesamtbevölkerung gehören alteingesessenen ethnischen und religiösen Minderheiten an. In der Kaukasusregion, die erst im 19. Jahrhundert vom Zarenreich erobert wurde, spielen die Russen als ethnische Gruppe keine Rolle. Und selbst an der Wolga, dem „russischen Strom", wird der Mittellauf dominiert vom Turkvolk der Tataren. Sowohl die Tataren als auch die meisten nordkaukasischen Völker sind muslimisch. Wie in anderen europäischen Staaten, gibt es auch in Russland autonome Regionen für ethnische Minderheiten mit eingeschränkten Selbstverwaltungsrechten, die hier als Autonome Republiken bezeichnet werden. Während die russische Zentralregierung über die Verteidigungs-, Zoll- und Außenpolitik allein bestimmt, sind Zentralregierung und Autonome Republiken gemeinsam für die Nutzung von Land, Rohstoffen und Wasser zuständig. Die Republiken besitzen Steuerhoheit sowie kulturelle Autonomie – einschließlich der Zulassung der Regionalsprache als Amtssprache (neben Russisch).

1. Beschreiben Sie die räumliche Verteilung der ethnischen Minderheiten in Russland (M 1).
2. Charakterisieren Sie die räumliche Lage und die wirtschaftliche Nutzung von Tatarstan (Atlas in Kombination mit M 5).
3. Analysieren Sie das Zusammenleben von Russen und Tataren einerseits sowie von Russen und Kalmücken andererseits (M 3, M 4, M 5, M 6).
4. Erörtern Sie die Bedeutung autonomer Regionen für die Erhaltung der kulturellen Vielfalt (ethnische Diversität) in Russland.
Ⓩ 5. Vergleichen Sie die räumliche Lage der autonomen Kreise und Gebiete sowie der autonomen Republiken innerhalb Russlands (M 5) mit der räumlichen Lage der Indianerreservate in den USA (Atlas).

In Russland können heute drei Hauptgruppen nicht-slawischer Minderheiten unterschieden werden:

- *Unter den Völkern an der Wolga, deren Territorien bereits vor langer Zeit ins Russische Reich eingegliedert wurden, gibt es zum einen die finno-ugrischen Völker, deren Angehörige zumeist zum orthodoxen Christentum konvertiert sind (Mordwinen, Tschuwaschen, Mari, Udmurten), sowie zum anderen die Tataren und die Baschkiren, beide turk-mongolischer Herkunft, die sich erst später an der Wolga niedergelassen haben und sich zum Islam bekennen. Diese Nationalitäten haben sich in der sowjetischen Zeit weit verbreitet. So leben heute zwei Drittel der Tataren außerhalb Tatarstans. Sie stellen mehr als fünf Prozent der Bevölkerung in 10 der 23 Föderationssubjekte (=große Gebietseinheiten Russlands).*
- *Die kaukasischen Völker, die erst im 19. Jahrhundert zumeist gewaltsam ins Russische Reich eingegliedert wurden, sind dagegen stark auf ihren angestammten Territorien konzentriert. Dies gilt nicht nur für die muslimischen Völker, sondern auch für die christlich-orthodoxen Osseten.*
- *Die Völker des unwirtlichen Nordens, die zumeist nur geringe Bevölkerungszahlen haben, sind ebenfalls auf ihren angestammten Territorien konzentriert. Dort sind sie oftmals durch die Zuwanderung v.a. von ethnischen Russen während der wirtschaftlichen Erschließung in der Sowjetzeit zu Minderheiten geworden. Sie bilden nichtsdestotrotz immer noch feste Gruppen, die durch ihre an die harten klimatischen Bedingungen angepassten Lebensweisen stark zusammengeschweißt werden.*

Quelle: Marchand, P.: Atlas gépolitique de la Russie (2012, Übersetzung)

M 2   Quellentext zu den Minderheiten in Russland

Indoeuropäer

1	Russen
2	Ukrainer
3	Weißrussen
4	Litauer
5	Letten
6	Moldawier
7	Armenier
8	Osseten
9	Tadschiken
•	Deutsche

Finno-Ugrier

10	Esten
11	Karelier, Samen
12	Komi, Nenzen
13	Mari
14	Udmurten
15	Mordwinen

Turkvölker

16	Aserbaidschaner
17	Balkaren, Karatschaier
18	Tataren
19	Baschkiren
20	Tschuwaschen
21	Kasachen
22	Usbeken
23	Kirgisen
24	Turkmenen
25	Jakuten
26	Tuwiner, Altaier

Kaukasusvölker

27	Georgier, Kabardiner
28	Tschetschenen u.a.
29	Dagestanische Völker

Mongolen

30	Burjaten
31	Kalmücken

Grenze der Sowjetunion 1945 – 1991

grün unterstrichen: Islam ist die vorherrschende Religion

0   250   500   750 km

M 1   Russland und die Nachfolgestaaten der Sowjetunion: Ethnien

M 3   Neue Moschee im Kreml von Kasan

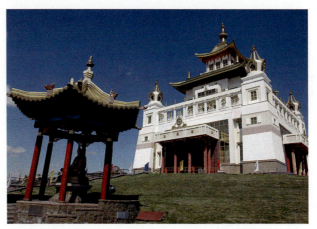

M 6   Neuer buddhistischer Tempel in Elista (Kalmückien)

Nach der jüngsten Volkszählung bilden die muslimischen Tataren in der Republik Tatarstan wieder die Mehrheit, während die Russen dort zur größten Minderheit wurden. Die Moschee im Kreml von Kasan, eine der größten in Europa, die von 1996 bis 2005 gebaut wurde, ist das sichtbarste Symbol für den Anspruch der Tataren, in der nach ihnen benannten Teilrepublik auch zu bestimmen. (…) Es sei darum gegangen, in diesem Zentrum der Macht Flagge zu zeigen. (…) Religion und tatarischer Nationalismus gehen (…) Hand in Hand – dabei gibt es unter den Tataren höchst unterschiedliche Vorstellungen davon, wie der Islam auszusehen habe. Danis Safargali, tatarischer Nationalist (…) bevorzugt den sogenannten traditionellen russländischen Islam und hält die Trennung von Staat und Islam für unverzichtbar. Rustam Safin (…) hängt dagegen offenbar einer Richtung an, die auf fundamentalistische Einflüsse aus Arabien schließen lässt. (…) In Tatarstan suchen gerade junge Menschen Halt – und bei dieser Suche hat [ein fundamentalistischer] Islam mit seinen einfachen Regeln Vorteile. (…) Safargalis Organisation verbreitet unter den Tataren ihre Sicht der tatarischen Geschichte, propagiert Sprache und Kultur und verbreitet die Grundsätze des Islam im Volk. Er selbst glaubt, dass die föderalen Verfassungsgrundsätze Russlands unter Putin ausgehebelt worden seien. Dagegen gebe es nur ein Mittel: aus der Föderation eine Konföderation zu machen.
Quelle: Ludwig, M.: Die tatarische Tannenbaumdebatte. FAZ 27.12.2012

M 4   Quellentext zu den Konflikten in Tatarstan

Sanan Matvenov ist erst 26 Jahre alt, doch seit seinem 13. Lebensjahr studiert er die Lehre Buddhas. Mit sieben anderen Mönchen im Alter von 16 bis 26 Jahren lebt er im Goldenen Tempel von Elista, der Hauptstadt Kalmückiens. Im südeuropäischen Teil Russlands, nordwestlich des Kaspischen Meeres, lebt das einzige mehrheitlich buddhistische Volk Europas: die Kalmücken. Ihre autonome Republik besteht überwiegend aus Steppe und ist mit knapp vier Einwohnern pro Quadratkilometer extrem dünn besiedelt. Erst seit dem Zusammenbruch der Sowjetunion darf hier der Buddhismus wieder offiziell ausgelebt werden. Sie sprechen russisch, kalmückisch und tibetisch. Jeder der jungen Mönche hat seinen eigenen Beweggrund, diesen Weg zu beschreiten. (…) Die Kalmücken gelten als westlicher Zweig der Mongolen. Sie ließen sich seit dem 17. Jahrhundert in der Steppe nahe dem Kaspischen Meer nieder. Nach der russischen Revolution von 1917 wurden alle Tempel und Klöster in Kalmückien zerstört, Lamas und Mönche in Arbeitslager deportiert. Sie kehrten erst 1956 nach Kalmückien zurück, nach dem Tod Stalins. Aus diesem Grund gab es bis zum Ende der Sowjetunion nahezu keine Lamas oder lebendige buddhistische Traditionen mehr in Kalmückien. Seit Anfang der 1990er-Jahre existiert das Kloster in Elista wieder, und Sanan will mithelfen, das buddhistische Erbe seiner Heimat wieder aufleben zu lassen. Dafür ist er bereit, auf vieles zu verzichten.
Quelle: www.arte.tv – 360° „Die Rückkehr der Mönche" (2012)

M 7   Quellentext zum Frieden in Kalmückien

M 5   Russland: Verwaltungsgliederung mit autonomen Gebietseinheiten

2.5 Konfliktherd Großer Kaukasus

Die Region um den Großen Kaukasus ist seit der Antike bekannt für ihre sprachliche und ethnische Vielfalt. Seit dem 10. Jahrhundert gilt der Kaukasus in Arabien als „Berg der Sprachen" („dschabal al-alsun"). Im 19. Jahrhundert wurde die gesamte Region vom Russischen Zarenreich erobert und verwaltet, später von der Sowjetunion (UdSSR). Mit dem Zerfall der UdSSR wurden Armenien, Aserbaidschan und Georgien in Südkaukasien unabhängig. Die Unabhängigkeitsbestrebungen der nordkaukasischen Bergvölker wurden jedoch von Russland niedergeschlagen. Zugleich begann eine Abwanderung der russischen Bevölkerung, die durch eine radikale Islamisierung in verschiedenen autonomen Regionen verstärkt wurde. Aufgrund der strategisch günstigen Lage Kaukasiens zwischen Europa und Vorder- bzw. Mittelasien versuchen sowohl Russland als auch die USA, ihren politischen, wirtschaftlichen und militärischen Einfluss dort auszubauen.

1. Beschreiben Sie räumliche Lage, Relief und Verkehrserschließung der Region um den Großen Kaukasus (Atlas).
2. Analysieren Sie die Ursachen und die Folgen der Konflikte im Kaukasus (M1, M4).
3. Vergleichen Sie die neu entstandenen Staaten im Süden Kaukasiens (M5, M7, Atlas).
4. Beurteilen Sie die De-facto-Kontrolle Abchasiens und Süd-Ossetiens durch Russland (M4, M6).
Z 5. Stellen Sie die autonomen Republiken der nordkaukasischen Bergvölker vor (Internetrecherche) und erörtern Sie die Folgen einer möglichen Unabhängigkeit dieser Territorien von Russland.

M2   Im Kaukasuskrieg 2008 zerstörte georgische Kaserne

M3   Wehrtürme in Mestia (Swanetien)
Die mittelalterlichen Wehrtürme der Bergdörfer in Swanetien im Norden Georgiens gehören heute zum Weltkulturerbe der UNESCO. Gleichzeitig sind sie Ausdruck von begrenzter Mobilität und von begrenzten Erfahrungsräumen. Sie dienten nicht nur der Abwehr von fremden Angreifern, sondern auch als Schutzräume bei Fehden zwischen Dörfern sowie zwischen Großfamilien innerhalb eines Dorfes.

Ethnie

Zu einer Ethnie werden in der Wahrnehmung ihrer Mitglieder diejenigen Mitmenschen gerechnet, die zahlreiche Gemeinsamkeiten aufweisen wie Abstammung, Glaube, Kultur, Sprache, Kleidung und Brauchtum. Ethnische Gruppen sind damit keine vorgegebenen Einheiten, sondern durch Fremd- und/oder Eigenzuschreibung entstandene soziale Konstruktionen. Eine Ethnie ist weder mit einem Nationalstaat noch mit einer Kultur identisch. Ethnien entstehen durch Abgrenzung von anderen Gruppen.

Der nördliche Kaukasus ist das Völkerlabyrinth Russlands. Dort lebt auf engem Raum eine Vielzahl von Ethnien. Sie gehören drei großen Sprachfamilien an – der kaukasischen, der indoeuropäischen und der altaischen (Turksprachen) – und sind bis auf die Osseten überwiegend Muslime. Dagestan ist mit mehr als 30 einheimischen ethnischen Gruppen ein Vielvölkerstaat im Kleinen. Den Föderationskreis Nordkaukasus (seit 2010) bilden sechs Republiken und das Gebiet (krai) Stawropol. Historisch zählen auch die Republik Adygien und das Gebiet Krasnodar, in dem auch Sotschi liegt, zu dieser Region. Die heutigen Grenzen zwischen den Territorialeinheiten zog weitgehend die sowjetische Nationalitätenpolitik. Tschetschenien strebte jedoch 1991 die staatliche Unabhängigkeit an und löste sich dazu aus der Doppelrepublik mit Inguschetien, scheiterte aber in zwei Kriegen 1994-96 und 1999/2000.
Migration und Gewalt: Nach der militärischen Eroberung des Kaukasus 1817-1864 durch das Zarenreich wurden etwa eine Million Tscherkessen, eine der größten nordkaukasischen Bevölkerungsgruppen, ins Osmanische Reich vertrieben. (...) 1943/44 hatte Josef Stalin Karatschaier, Tschetsche-

nen, Inguschen und Balkaren nach Zentralasien deportieren lassen. Ein Drittel kam um, die Überlebenden durften im Zuge der Entstalinisierung zurückkehren. Seit dem Ende der Sowjetunion verliert der Nordkaukasus aufgrund von Armut, Unterentwicklung und Gewalt Einwohner. Russen verließen die Region insbesondere während und nach den Tschetschenien-Kriegen. In Tschetschenien, Inguschetien und Dagestan gibt es nur noch wenige von ihnen, in Kabardinien-Balkarien verringerte sich ihr Bevölkerungsanteil seit 1989 um ein Drittel. Ein bevorzugtes Ziel der Auswanderer war Stawropol, das einzige Gebiet im Föderationskreis mit mehrheitlich russischer Bevölkerung. In dessen ländlich geprägten Osten drängten allerdings auch „kaukasische", besonders tschetschenische Zuwanderer nach, was zu Konflikten zwischen Russen und Nichtrussen führte. (...) Nach dem tschetschenischen Separatismus der 1990er-Jahre gab sich der Widerstand gegen die russische Zentralregierung unter dem Einfluss fundamentalistischer religiöser Gruppen einen religiösen Charakter. Terrorgruppen verübten Anschläge und Überfälle..
Quelle: Nordkaukasus: Vielvölkerregion und Pulverfass. Fischer Weltalmanach 2015

M1   Quellentext zur Konfliktregion Nordkaukasus

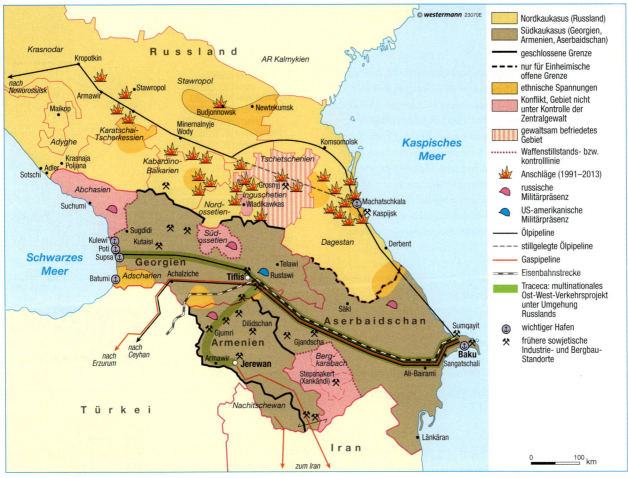

M 4   Der Kaukasus – Mosaik von Ethnien und Konflikten

Legende:
- Nordkaukasus (Russland)
- Südkaukasus (Georgien, Armenien, Aserbaidschan)
- geschlossene Grenze
- nur für Einheimische offene Grenze
- ethnische Spannungen
- Konflikt, Gebiet nicht unter Kontrolle der Zentralgewalt
- gewaltsam befriedetes Gebiet
- Waffenstillstands- bzw. kontrolllinie
- Anschläge (1991–2013)
- russische Militärpräsenz
- US-amerikanische Militärpräsenz
- Ölpipeline
- stillgelegte Ölpipeline
- Gaspipeline
- Eisenbahnstrecke
- Traceca: multinationales Ost-West-Verkehrsprojekt unter Umgehung Russlands
- wichtiger Hafen
- frühere sowjetische Industrie- und Bergbau-Standorte

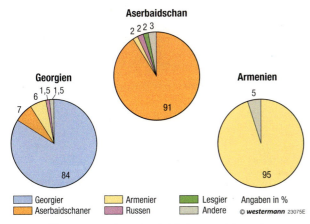

Aserbaidschan: 91, 2 2 2 3
Georgien: 84, 7, 6, 1,5 1,5
Armenien: 95, 5

Legende:
- Georgier
- Aserbaidschaner
- Armenier
- Russen
- Lesgier
- Andere

Angaben in %
© westermann 23075E

M 5   Bevölkerung Georgiens, Aserbaidschans und Armeniens

	Georgien	Aserbaidschan	Armenien
Fläche (in 1000 km²)	69,7	86,6	29,7
Bevölkerung 2014/2050 (in Mio.)	4,8/4,6	9,5/12,1	3,0/2,8
Bevölkerungsdichte (in Ew./km²)	69	110	101
BIP (in Mrd. US-$)	16,1	73,6	10,4
BIP/Ew. (in US-$)	3597	7812	3505
Exporte (in Mrd. US-$,)	2,4	24,0	1,5
Importe (in Mrd. US-$)	7,8	10,7	4,3
HDI-Rang	81	76	87
Anteil Rüstungsausgaben am BIP[1]	2,8 %	4,7 %	4,0 %

[1] zum Vergleich: Russland 4,1 %, Deutschland 1,4 %, USA 3,8 %

M 7   Daten zu den südkaukasischen Staaten 2013

Autonome Region Abchasien (offiziell Teil Georgiens)	Autonomes Gebiet Südossetien (offiziell Teil Georgiens)	Autonome Region Bergkarabach (offiziell Teil Aserbaidschans)
• 8600 km², • ca. 200 000 Einwohner, • Unabhängigkeitserklärung 1992, daraufhin Einmarsch georgischer Truppen, • Ausbruch eines grausamen und erbitterten Krieges, • Vertreibung der georgischen Truppen mit Unterstützung russischer und tschetschenischer (!) militärischer Unterstützung, • Vertreibung der georgischen Bevölkerungsmehrheit (ca. 250 000 Menschen), • seither faktisch außerhalb georgischer Kontrolle.	• 3900 km², • ca. 75 000 Einwohner, • Unabhängigkeitserklärung 1990 mit Rückendeckung aus Moskau, • direkt im Anschluss erster Südossetien-Krieg mit ca. 2000 Opfern, • langjähriger Waffenstillstand, • Angriff georgischer Truppen 2008, Krieg zwischen Russland und Georgien mit schneller Niederlage der georgischen Truppen, • Südossetien weiterhin faktisch außerhalb georgischer Kontrolle.	• 4400 km², • 143 000 Einwohner, • nach ethnischen Verfolgungen von Armeniern in Aserbaidschan Eroberung der mehrheitlich armenisch besiedelten Enklave bzw. Exklave 1994 von armenischen Truppen mit russischer Unterstützung und Verbindung über ehemals aserbaidschanische Siedlungsgebiete mit Armenien, • Beispiel eines „eingefrorenen", ungelösten Konfliktes.

M 6   Autonome Regionen und Gebiete im südlichen Kaukasus

2.6 Räumliche Disparitäten als Herausforderung

Russland erstreckt sich von der Exklave Kalinigrad im Westen bis zum Autonomen Kreis der Tschuktschen am Beringmeer im Nordosten und von den arktischen Franz-Josef-Inseln im Nordpolarmeer bis zum subtropischen Sotschi am Schwarzen Meer. Das Relief ist vor allem im Süden (Großer Kaukasus) und im Osten (in Mittelsibirien und im Fernen Osten) eine bedeutende Barriere für die Erschließung des Raumes. Die für Westeuropäer kaum vorstellbare Größe des Landes macht zwar das Vorkommen von verschiedensten natürlichen Ressourcen wahrscheinlich, erschwert aber zugleich den Aufbau eines leistungsfähigen und schnellen Verkehrsnetzes. Die verschiedenen Klima- und Bodenzonen bieten höchst unterschiedliche Voraussetzungen für eine wirtschaftliche Entwicklung. Räumliche Disparitäten sind also vorprogrammiert.

1. Vergleichen Sie die angegebenen Staaten hinsichtlich ihres regionalen Gini-Koeffizienten (M 3).
2. Erläutern Sie die räumlichen Disparitäten in Russland mit Hilfe der Tabelle M 1 und der Karte M 2.
3. Beschreiben Sie die Lebensbedingungen für junge Menschen in den peripheren ländlichen Regionen Russlands (M 9).
4. Erörtern Sie Maßnahmen gegen das Schrumpfen der Bevölkerung auf dem Lande.

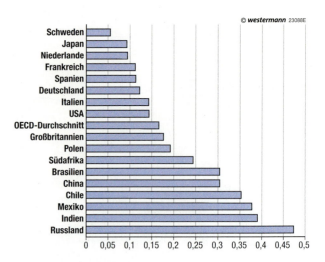

M 3   Regionaler Gini-Koeffizient

Der regionale Gini-Koeffizient gibt an, wie die Wirtschaftskraft innerhalb eines Staates zwischen den Regionen verteilt ist (0 = Gleichverteilung, 1 = extreme Ungleichverteilung). In Moskau konzentrieren sich 20,6 Prozent der russischen Wirtschaftsleistung (BIP) auf nur 0,03 Prozent der Landesfläche, in Dagestan sind es nur 0,06 Prozent des BIP auf 0,295 Prozent der Fläche.

Räumliche Disparitäten

Unter dem Begriff „Räumliche Disparitäten" sind jene Unterschiede in der Entwicklung von Staaten bzw. Regionen zu verstehen, die sich entscheidend auf Lebenserwartung, Lebenschancen, Lebensstandard, Lebensqualität und Lebensstil ihrer Bewohner auswirken.

Wichtige Ursachen für die Entstehung räumlicher Disparitäten sind Ungleichheiten zwischen Staaten bzw. Regionen in Bezug auf die räumliche Lage und die naturräumliche Ausstattung (Relief, Klima, Böden und Ressourcen), auf die infrastrukturelle Ausstattung (z.B. Verkehrs- und Datennetze), auf die zentralörtliche Ausstattung sowie auf die wirtschaftliche, soziale und politische Entwicklung.

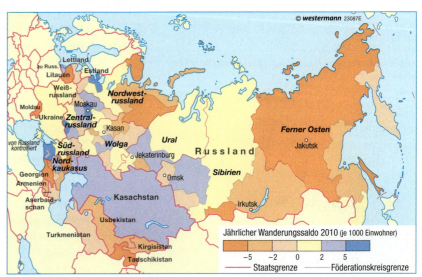

M 2   Jährlicher Wanderungssaldo in Russland und den Nachfolgestaaten der Sowjetunion

Föderationssubjekt	Bevölkerung (in % der russischen Gesamtbevölkerung)	BIP (in % des russischen BIP)	BIP/Ew. (in % des Landesdurchschnitts)*	Einkommensmedian (in % des Landesdurchschnitts)	Einzelhandelsverkäufe/Ew. (in % des Landesdurchschnitts)
Autonomer Bezirk der Chanten und Mansen	1,11	5,00	492	214	128
Gebiet Tjumen	2,45	8,41	373	107	125
Moskau, Stadt	8,36	20,59	273	212	204
Sankt Petersburg, Stadt	3,51	4,26	132	135	113
Gebiet Krasnojarsk	1,99	2,44	132	103	100
Republik Tuwa	0,22	0,07	34	89	33
Gebiet Krasnodar	0,60	0,19	33	63	88
Region Stawropol	0,30	0,10	33	48	96
Republik Dagestan	0,20	0,06	31	157	34
Republik Tschetschenien	0,31	0,05	19	67	22

* Zum Vergleich Bayern: 115%, Thüringen: 69 % des Landesdurchschnitts

M 1   Die fünf reichsten und fünf ärmsten Regionen Russlands 2012 (nach BIP/Ew.)

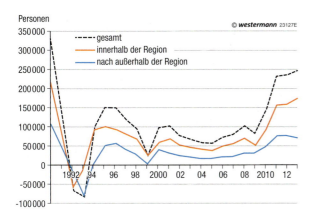

M4   Russland: Land-Stadt-Wanderung (netto) 1990–2013

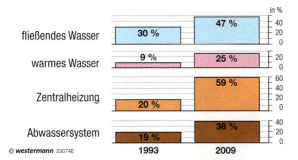

M5   Ausstattung ländlicher Haushalte 1993 und 2009

M6   Kadykchan, Oblast Magadan, Russland

Built in the 1930s by Gulag prisoners, the town of Kadykchan was constructed in the modern Far Eastern Federal District around the coalmines in the region. After the Gulag prisoners were released in 1960, many stayed in the Russian Far East to continue living in the cities and working in the mines. Considering that the Far Eastern Federal District boasts only 2.5 people per square mile and permafrost cuts the growing season to three months, Kadykchan did not exactly grow into a vibrant metropolis. However, the population slowly grew and hit a peak in 1986 at 10 000 people, fairly respectable by Siberian standards. Unfortunately, the town was hit hard by the fall of the Soviet Union, and subsequent devaluation of coal. Throughout the 1990s, a steady stream of Kadykchan residents left for larger cities. In 1996, an accident in the mine killed 6 people and was the final straw. Throughout the post-Soviet era, the population of Kadykchan dropped from over 10 000 people, to under 300 in 2007.
Quelle: Kadykchan. www.atlasobscura.com

M7   Quellentext über die russische Geisterstadt Kadykchan

M8   Aufgegebene Post-Filiale in einem Dorf im Oblast Jaroslawl

Die Jungen sind längst weg. Und wenn die letzte Babuschka im Dorf gestorben sein wird, folgt unausweichlich irgendwann der administrative Schlussstrich, die Tilgung aus dem Ortsregister „wegen Einwohnerleerstands". Geschwindigkeit und Ausmaß dieser Entwicklung haben in den vergangenen 24 Jahren zugelegt. Die Zahl der wüstgefallenen Dörfer hat sich von 9300 im Jahr 1989 auf zuletzt nahezu 20 000 erhöht. In der nüchternen Begriffswelt von Siedlungsforschern wird dies als Folge eines Konzentrationsprozesses in der Besiedlung Russlands beschrieben. Kleinere Siedlungen verschwinden durch Abwanderung der Bevölkerung in größere ländliche Siedlungen oder in Städte. Inzwischen lebt ein Drittel der ländlichen Bevölkerung Russlands in Dörfern mit mehr als 3000 Einwohnern, während die Zahl der „Dörfler", die noch in besonders kleinen ländlichen Siedlungen leben, stark abgenommen hat. Dieser Trend – im mehrstufigen russischen Städtenetz entspricht diesem die Abwanderung aus kleineren und mittleren städtischen Siedlungen in Großstädte – ist vor allem in der Suche nach besseren Lebensbedingungen begründet. Dieser Wunsch muss jedoch keineswegs in Erfüllung gehen, weil zugleich der Prozess der Degradierung des gesamten ländlichen Raumes in sozialer, wirtschaftlicher und kultureller Hinsicht voranschreitet. Die Selbstgewissheit früherer Generationen (...) ist deshalb längst großer Verunsicherung in der ländlichen Bevölkerung gewichen. Diese macht aber immerhin noch 26 Prozent der Gesamtbevölkerung aus. (...) [Heute] gibt es immer weniger Russen, die nicht davon sprechen, dass der ländliche Raum unter bisweilen erbärmlichen Lebensbedingungen zu leiden habe. (...) Abwanderung und Überalterung beschleunigen eine Entwicklung, in der die ohnehin schlechte medizinische Versorgung auf dem Land ganz zusammenbricht. Die Abwanderung der jungen und mittleren Generation aus den Dörfern führt auch dazu, den ohnehin vorhandenen Trend zur Auflösung von Kindergärten und Schulen zu verstärken oder Kulturhäuser und Dorfclubs und Lesesäle zu schließen, weil es kein Geld mehr für deren Unterhaltung gibt. Im schlimmsten Fall kommen nicht einmal mehr Tante-Emma-Läden auf Rädern in die verödenden Dörfer, und ländliche Filialen der Post werden geschlossen. Der Gedanke, Wege und Straßen, sofern überhaupt vorhanden, marode Stromleitungen oder Telefonnetze, instand zu setzen, kommt nun erst gar nicht mehr auf. „Rentiert sich nicht", heißt es bei denen, die die Haushalte in den Landkreisen verwalten und ohnehin von einer „Optimierung von Dienstleistungen", sprich: deren Verlagerung von den Dörfern in die Kreisstädte, das Wort reden. Wo Straßen fehlen oder der Busdienst längst eingestellt ist, springen bisweilen Geistliche der orthodoxen Kirche in die Bresche. Sie bringen ihre Schäfchen aus entlegenen Dörfern mit geländegängigen Autos ins Gotteshaus.
Quelle: Ludwig, M.: Ende der Selbstgewissheit – Der Niedergang des ländlichen Raums in Russland. Frankfurter Allgemeine Zeitung 15.5.2013

M9   Quellentext zum Niedergang des ländlichen Raumes

2.7 Migration und ihre Ursachen

Seit dem Zerfall der früheren Sowjetunion haben Millionen Menschen ihre Heimat verlassen: Vor allem Russen sind aus den anderen ehemaligen Sowjetrepubliken nach Russland gezogen, da sie ihre Arbeit verloren hatten oder da sie die neue Staatssprache der nun unabhängigen Länder nicht lernen wollten. Besonders viele Russen gingen aus der ehemaligen Sowjetrepublik Kasachstan fort, wo sie in den Neulandgebieten des Nordens die Bevölkerungsmehrheit bildeten. Aber Migration fand und findet auch in der umgekehrten Richtung statt: Zahlreiche Deutschstämmige und Juden siedelten aus Russland nach Deutschland bzw. nach Israel um, hoch qualifizierte russische Fachkräfte gingen vor allen nach Westeuropa oder in die USA. Schließlich ziehen reiche Russen nach London, um dort ihr Vermögen in Sicherheit zu bringen. Neben solcher internationalen Migration haben innerhalb Russlands ebenfalls umfangreiche Binnenmigrationsprozesse stattgefunden.

1. Beschreiben Sie die Migrationsprozesse auf dem Gebiet der ehemaligen Sowjetunion seit 1990 (M 2).
2. Analysieren Sie die Ein- und Auswanderung nach Russland (M 2 – M 4).
Ⓩ 3. Vergleichen Sie die Wirtschaftskarte von Kasachstan (M 6) mit der Karte Ethnien (M 1, S. 32).
4. Erläutern Sie die Bedeutung des kasachischen Nordens.
5. Erörtern Sie die Symbolfunktion der neuen Hauptstadt Astana gerade in den nördlichen Neulandgebieten für den jungen Staat Kasachstan (M 3).

Migration
Dauerhafte oder zumindest längerfristige Verlagerung des Hauptwohnsitzes innerhalb eines Landes (Binnenmigration) oder über die Landesgrenzen hinweg (Internationale Migration bzw. Ein- und Auswanderung) aus unterschiedlichen Gründen

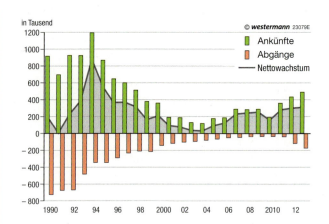

M 2   Russland: Ein- und Auswanderung

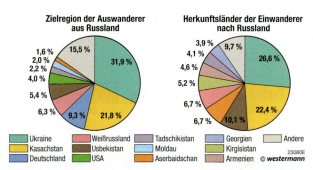

M 3   Zielregionen der Auswanderer aus Russland und Herkunftsländer der Einwanderer nach Russland (Bestand 2013)

Wanderung	2000	2013
Kasachstan → Russland	124 903	51 958
Russland → Kasachstan	17 913	11 802

M 4   Wanderung zwischen Russland und Kasachstan 2000 und 2013

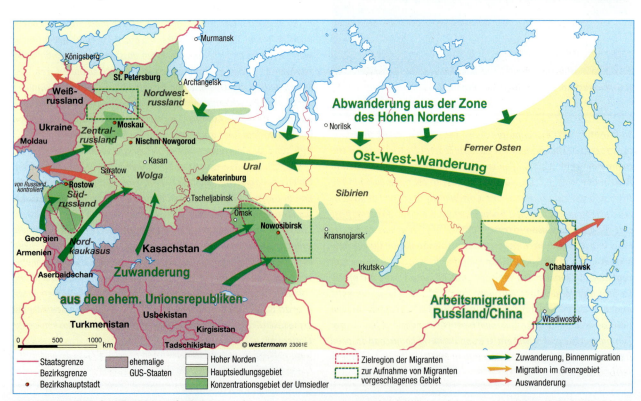

M 1   Hauptströme der Migration nach 1990

M5   Regierungsviertel und Geschäftszentrum von Astana

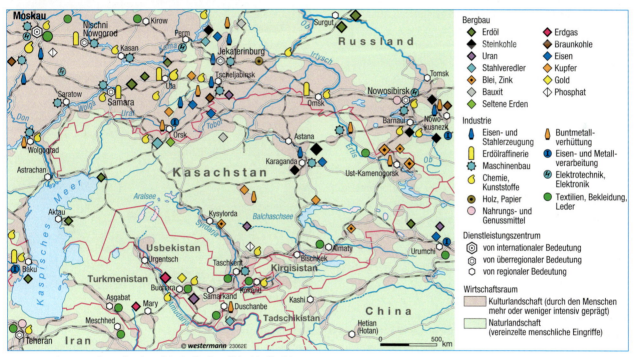

M6   Kasachstan und Russland – wirtschaftsräumliche Verflechtung

Bei der Volkszählung von 2009 hatte Kasachstan mit 16 Millionen Einwohnern fast wieder seine Bevölkerungszahl von 1989 (16, 5 Millionen) erreicht. 1989 waren die 7,3 Millionen Slawen (Russen, Weißrussen, Ukrainer) zahlreicher als die Kasachen (6,5 Millionen). Dazu kamen 960 000 Deutsche – Nachfahren der Wolgadeutschen, die vom sowjetischen Diktator Stalin nach Mittelasien deportiert worden waren. Die russischsprachige Mehrheit bildete 70 bis 80 Prozent der Bevölkerung in den nördlichen Gebieten, durch die drei von vier transsibirischen Achsen Russlands verlaufen, und die Schauplatz der Neulandaktion des sowjetischen Staatslenkers Chruschtschow (1953-1964) waren, der hier aus der kasachischen Steppe eine Kornkammer der Sowjetunion machen wollte. Mit der Unabhängigkeit Kasachstans und mit der Erhebung des Kasachischen (einer Turksprache) zur Staatssprache begann die Abwanderung vor allem der Teile der russischsprachigen Bevölkerung, die kein Kasachisch lernen wollten. Im Jahr 2009 bildeten die Kasachen mit 10,1 Millionen Einwohnern wieder die Mehrheit der Bevölkerung (63 %). Durch die massive Auswanderung verringerte sich die slawische Bevölkerungsgruppe auf 4,2 Millionen Menschen (26,2 %) und die der deutschstämmigen Bevölkerung auf nur mehr 180 000 Menschen.

Da die Gefahr einer Teilung des Landes groß war, hat der kasachische Präsident Nasarbajew 1998 die Hauptstadt des Landes von Almaty nach Astana verlegt, mitten ins Zentrum des russischsprachigen Gebietes. Indem er das harmonische Zusammenleben von Russen und Kasachen preist, gibt Nasarbajew der „eurasischen" Idee gewisser intellektueller Milieus in Moskau eine konkrete politische Dimension. Kasachstan verstärkt zudem die Verbindungen mit Russland im Rahmen dieser eurasischen Strategie in den Bereichen Raumfahrt, Kernenergie und Energieversorgung. Die kasachische Regierung will aus der geographischen Lage des Landes Kapital schlagen. Mit Russland teilt es eine der längsten Landgrenzen der Welt, mehr als 6800 Kilometer.
China hat ein massives Interesse an den zentralasiatischen Rohstoffen. Seit 2002 finanziert es den etappenweisen Bau einer Öl-Pipeline mit einer Kapazität von 40 Mrd. m³, die die Erdöllagerstätten von Tengiz Kashagan am Kaspischen Meer mit Shanghai zu verbinden. (...) Kasachstan ist einerseits beunruhigt wegen der großen Bevölkerungszahl Chinas, andererseits empfänglich für die finanziellen Angebote aus China. Daher versucht es einen politischen Balanceakt zwischen den Interessen der beiden Großmächte Russland und China.
Quelle: Marchand, P.: Atlas géopolitique de la Russie (2012)

M7   Quellentext zur Verflechtung Kasachstans mit Russland

2.8 Das russische Städtesystem

Im größten Flächenstaat der Erde wurde in mehr als 70 Jahren kommunistischer Herrschaft ein zentralistisches Städtesystem mit Moskau als Sitz der Zentralregierung und als Primatstadt installiert. Erst mit großem Abstand folgte Leningrad (heute: Sankt Petersburg). Seit 1991 hat sich das Städtesystem Russlands unter marktwirtschaftlichen Bedingungen und mit der Entwicklung des tertiären Sektors verändert und ansatzweise regionalisiert.

1. Beschreiben Sie die räumlichen und demographischen Dimensionen des Städtesystems in Russland – auch vor dem Hintergrund der Verkehrserschließung (M 5, Atlas).
2. Vergleichen Sie die Städtesysteme Russlands und Chinas mit Hilfe von M 1 und M 4 sowie von geeigneten Atlaskarten.
3. Erklären Sie die Entstehung von „Gewinnern" und „Verlierern" beim Transformationsprozess mit Hilfe der verschiedenen Einflussfaktoren (M 6, M 7)
4. Beurteilen Sie die in M 8 beschriebenen Strukturen und Entwicklungsprozesse des russischen Städtesystems vor dem Hintergrund des Konzepts der Metropolregion.

M 2   Weliki Nowgorod

M 3   Jekaterinburg

Städtesystem

Ein Städtesystem umfasst die durch Verkehrs- und Informationsnetze unterschiedlich eng miteinander verknüpfte Gesamtheit der Städte in einem administrativ oder funktional abgegrenzten Raum. Diese Städte besitzen ein jeweils unterschiedliches demographisches, wirtschaftliches, politisches bzw. kulturelles Gewicht – und zwar auf regionaler, nationaler, kontinentaler oder globaler Maßstabsebene.

Rang-Größe-Regel

Die Graphische Darstellung und der Vergleich von Städtesystemen ist mit der Rang-Größe-Regel möglich. Im Falle der Idealverteilung gilt folgende Formel: Pn = P1 : n

P bedeutet Bevölkerungszahl, n entspricht dem Rang der Stadt. Im Idealfall sollte die Stadt auf Rang 2 die Hälfte der Bevölkerung der größten Stadt aufweisen, die Stadt auf Rang 3 ein Drittel usw. Die y-Achse in der Darstellung sollte 10 cm hoch sein (entspricht 100 % für die größte Stadt), auf der x-Achse sind die Städte nach ihrer Größe im Verhältnis zur größten Stadt angeordnet (Dreisatz).

Metropolregion

Metropolregionen umfassen bedeutende Dienstleistungs- und Industriezentren sowie ihren Einzugsbereich. Folgende Metropolfunktionen werden unterschieden:
• Entscheidungs- und Kontrollfunktionen: Unternehmen und Kapital – Politik und Zivilgesellschaft;
• Wissens- und Innovationsfunktion: Hochschulen und Forschung – Forschung und Entwicklung der Privatwirtschaft;
• Gateway-Funktionen: Verkehrsanbindung und -aufkommen (Flughäfen und Fernbahnen), Märkte – Messen und Tagungen;
• Symbolfunktion: Architektur – Kunst/Kultur – Medien – Städtetourismus .
(nach Hans H. Blotevogel, 2010)

Russland	Ew. (in Mio.)	China	Ew. (in Mio.)
Moskau	11,8	Shanghai	19,5
Sankt Petersburg	5,0	Peking	15,0
Nowosibirsk	1,5	Guangzhou	10,5
Jekaterinburg	1,4	Shenzhen	10,2
Nischni Nowgorod	1,3	Chongqing	9,7
Kasan	1,2	Wuhan	8,9
Samara	1,2	Tianjin	8,5
Omsk	1,2	Dongguan	7,2
Tscheljabinsk	1,2	Chengdu	6,4
Rostow	1,1	Foshan	6,2

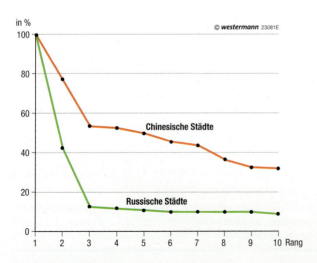

M 1   Rang-Größe-Regel: Russland und die VR China

M 4   Größte Städte Russland und Chinas 2014

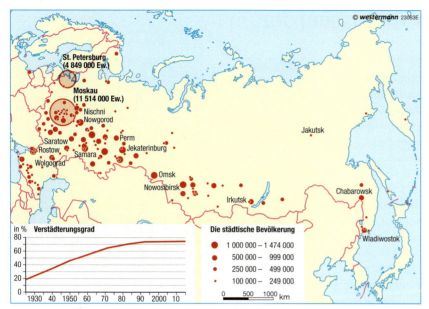

M 5   **Russland: Verteilung der Groß- und Millionenstädte sowie Verstäderungsgrad 1926–2015**

„Gewinner"	„Verlierer"
• Moskau und Sankt Petersburg, • große Regionalzentren aufgrund der funktionalen Diversifikation, der gut ausgebauten Infrastruktur und der Präsenz wichtiger politischer und wirtschaftlicher Entscheidungsinstanzen, • monostrukturierte Industriestädte mit marktangepassten oder exportorientierten Unternehmen der Energiewirtschaft wie Nowosibirsk und Bratsk (Wasserkraftwerke), der Erdöl- und Erdgasbranche wie Nischnewartowsk, Surgut, Salechard oder der Metallurgie wie Norilsk, • Verkehrsknotenpunkte mit transnationaler Bedeutung wie z. B. die großen Hafenstädte Astrachan, Wyborg oder Nachodka, • ausgewählte Wissenschaftsstädte mit einem konkurrenzfähigen forschungs- und technologieorientierten Wirtschaftspotenzial und hochqualifizierten Arbeitskräften, • Städte im Umland der großen Agglomerationen mit der Möglichkeit zur Nutzung des attraktiven Arbeitsmarktes der Kernstadt, • Kleinstädte mit attraktivem Investitionsklima.	• Monostrukturierte Industriestädte einer strukturschwachen Branche wie die des Maschinenbaus und der Textilindustrie, deren veraltete Ausrüstungen und überholte Designs der Konkurrenz aus dem Ausland nicht standhalten können, • Standorte der Rüstungsindustrie, in denen sich der Staat als Auftraggeber zurückgezogen hat, wie z.B. Sewerodwinsk im Gebiet Archangelsk, • die Kohlezentren im Petschoragebiet (Workuta) und im Kusbass (z.B. Leninsk-Kusnezki), die aufgrund einer einseitig auf Erdöl und Erdgas setzenden Energiepolitik in besonderem Maße mit Strukturanpassungsproblemen zu tun haben, • Klein- und Mittelstädte im Hohen Norden und im Nichtschwarzerdegebiet mit schlechter Verkehrsinfrastruktur und in großer Entfernung zu den nationalen Absatzmärkten, • Städte mit ökonomisch uneffektiven, zu sowjetischen Zeiten staatlich subventionierten Betrieben in extremen Klimagebieten des Hohen Nordens und des Fernen Ostens.

M 6   **„Gewinner" und „Verlierer" des Transformationsprozesses in Russland**

Mit der Börse und dem größten Anteil an den Bankeinlagen des Landes ist Moskau das einzige internationale Finanzzentrum Russlands. Sankt Petersburg ist immer noch auf dem zweiten Rang mit einem relativ geringen Anteil am tertiären Sektor. Aus der Zeit als Residenz der Zaren besitzt es immerhin ein bedeutendes kulturelles Erbe und ist ein wichtiges Ziel des europäischen Städtetourismus. Dazu hat es wichtige Funktionen als See- und Marinehafen sowie als Verwaltungszentrum des Nordwestens.

Die anderen Millionenstädte verfügen allenfalls über Ansätze von anspruchsvollen Dienstleistungen und stehen manchmal sogar im Rang nach deutlich kleineren Großstädten, wie z.B. Nowgorod. Die Großstädte generell verfügen heute über mehr Eigenständigkeit, aber ihre Ausstrahlung innerhalb Russlands ist aufgrund ihrer Schwäche im tertiären Sektor beschränkt. Immerhin können sie heute selbstständig Verbindungen mit dem Ausland knüpfen.

Ansätze eines Städtenetzes lassen sich mittlerweile erkennen: Dank ihrer Funktion als regionaler Verkehrsknotenpunkt (Hub) und daher ausgestattet mit einer metropolitanen Funktion, stehen gewisse Großstädte in direkter Verbindung mit der Welt. (...) Jekaterinburg z.B., direkt verbunden mit acht europäischen Metropolen (darunter London, Paris und Frankfurt), entwickelt sich zum Eingangstor (Gateway) für die Industrieregion Ural sowie für die Erdöl- und Erdgasförderung in Westsibirien. In Jekaterinburg entstehen daher Einrichtungen eines hochrangigen tertiären Sektors (Kongresszentrum, Luxushotels). Rostow am Don für den Süden, Samara für die mittlere Wolga und Nowosibirsk für den Süden Sibiriens beginnen, sich in ihrer jeweiligen Region durchzusetzen.
Marchand, P.: Atlas géopolitique de la Russie (2012)

M 8   **Quellentext zum russischen Städtesystem**

endogene Faktoren		exogene Faktoren
stabile Standortfaktoren	**Standortfaktoren des Umbruchs**	
geographische Lage	Wirtschaftspotenzial: • Privatisierungsgrad, • Branchenstruktur,	staatliche und nichtstaatliche Investionen überregional, national und international operierender Unternehmen Internationale Integration:
Verkehrsanbindung	• unternehmensorientierte Dienstleistungen, • Arbeitskräfteangebot.	• ausländische Investitionen, • Import-/Exportbeziehungen, • Joint Ventures.
administrative Funktion	Forschungs- und Entwicklungspotenzial	
	Umweltqualität	Hauptsitze von Wirtschaftsunternehmen von überregionaler und nationaler Bedeutung
Einwohnergröße		
	sozialökonomisches Milieu	Niederlassungen und Filialisierungsgrad nationaler und internationaler Banken
infrastrukturelle Erschießung	politische und rechtliche Rahmenbedingungen: • Beziehungssysteme der politischen und wirtschaftlichen u.a. gesellschaftlichen Strukturen zwischen nationaler, regionaler und lokaler Ebene, • Reformwille und -fähigkeit der Entscheidungsträger, • Unternehmensfreundliche Gesetzgebung und Durchsetzung der Gesetze.	
natürlich Ressourcen		

M 7   **Einflussfaktoren auf die Wettbewerbsfähigkeit der russischen Städte**

2.9 Transformation im städtischen Raum

In der früheren Sowjetunion sollten die alten und neuen Städte die Ideale des Sozialismus widerspiegeln: Dazu gehörten die klassenlose Gesellschaft sowie die Überlegenheit von Partei und sozialistischer Ideologie. Ziele waren einheitliche Wohntypen und Wohnbedingungen in Verbindung mit geringen Mietpreisen für alle sozialen Gruppen. Die Umsetzung dieser Ziele erfolgte meist in Form von standardisierten Großwohnsiedlungen mit kleinräumiger Funktionsmischung am Stadtrand. Dazu kam der subventionierte Ausbau des öffentlichen Transportwesens (U-Bahnen, Straßenbahnen, Busse). Typische Elemente der sozialistischen Stadt waren weiterhin große zentrale Plätze und breite Straßenachsen für Militärparaden und Massenaufmärsche sowie repräsentative Bauwerke der Staats- und Parteiorgane und monumentale Denkmäler für „Helden" des Sozialismus in den Stadtzentren. Die abrupte Transformation Russlands hin zur Marktwirtschaft führte seit 1991 auch zu einschneidenden Veränderungen in der Stadtentwicklung.

1. Beschreiben Sie das Erscheinungsbild (die Physiognomie) der sozialistischen Stadt (Fotos M 2, M 4).
Ⓩ 2. Vergleichen Sie dies mit dem Erscheinungsbild US-amerikanischer Städte (eigene Recherchen: Literatur und Internet).
3. Erläutern Sie das Modell der postsozialistischen Transformation von Städten in Russland (M 1).
4. Beurteilen Sie die „Charta von Moskau" für den sozialistischen Städtebau im Hinblick auf soziale und ökologische Nachhaltigkeit (M 3).
5. Erklären Sie die Streitigkeiten zwischen der Stadt Moskau und dem Moskauer Gebiet (oblast) (M 7, Atlas).
Ⓩ 6. Vergleichen Sie die Transformationsprozesse in den russischen Städten mit denen in ostdeutschen Städten wie Halle/Saale oder Leipzig nach 1990.

M 2   Außenministerium im sozialistischen „Zuckerbäckerstil"

Im Mittelpunkt der Charta von Moskau steht die Abbildung einer egalitären Gesellschaft auf bauliche Strukturen einer Stadt nach sozialistisch-marxistischen Prinzipien. Die aus der bürgerlichen Stadt überkommenen Unterschiede zwischen Individuen und Gesellschaftsschichten, die sich auch räumlich manifestierten, sollten in der sozialistischen Stadt beseitigt werden. Dazu zählte beispielsweise die Propagierung des verdichteten Geschosswohnungsbaus als sozialistische Wohnform par excellence und eine Ablehnung des Stadtbausteins Einfamilienhaus als Relikt des kapitalistischen Individualismus. Insgesamt zielte Stadtplanung darauf ab, durch bauliche Strukturen individualistischen Tendenzen entgegenzuwirken und ein kollektives Lebensgefühl zu vermitteln.
Quelle: Fürst. F., Himmelbach, U., Potz, P.: Leitbilder der räumlichen Stadtentwicklung im 20. Jahrhundert (1999)

M 3   Quellentext zur Charta von Moskau

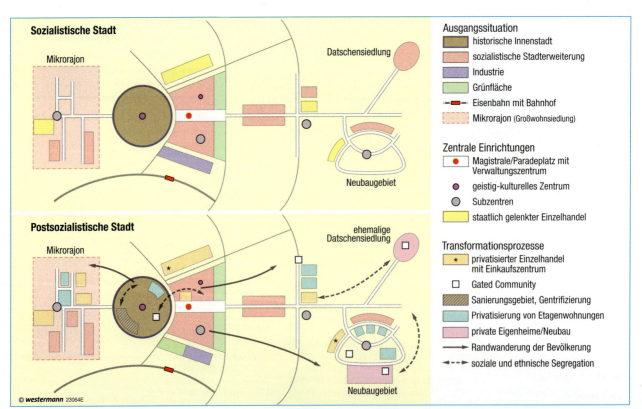

M 1   Modell der postsozialistischen Transformation der russischen Stadt

M 4   Großwohnsiedlung in Moskau

Obwohl auch in Russland ein freier Grundstücksmarkt entstanden ist und kommunale Pläne existieren, den Bau von Einfamilienhäusern zu fördern, fehlt allen beteiligten Akteuren ausreichendes Kapital. Mit Ausnahme weniger „Neureicher", die in sogenannten Cottages zu einem Preis von über einer Million US-$ und immer häufiger auch in Gated Communities wohnen, fehlen einer breiteren Schicht von Privathaushalten die finanziellen Mittel bzw. der Zugang zu rückzahlbaren Privatkrediten. Nicht ungewöhnlich ist, dass Menschen immer noch in Kommunalkas wohnen, in denen sich mehrere Haushalte eine große Wohnung teilen. (...) Die Bindung der Bevölkerung an Suburbia bestand traditionell nur aus laubenartigen Einrichtungen, die von ca. 60 % aller russischen Stadtbewohner als „Sommersitz" in Verbindung mit Gartenwirtschaft genutzt wurden. Das Umland bleibt bis heute infrastrukturell weitestgehend unerschlossen, und die Wohnungsbauförderung erfährt gegenüber dem Ausbau von Produktionsstätten immer noch eine geringe Aufmerksamkeit.
Quelle: Bähr, J., Jürgens, U.: Stadtgeographie II (2009)

M 5   Quellentext zur Transformation im städtischen Raum

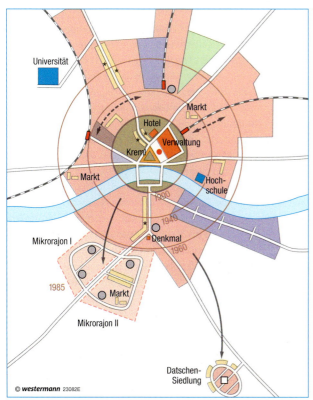

M 6   Stadtstruktur Moskaus

Großwohnsiedlung

Großwohnsiedlungen ermöglichen eine verdichtete Wohnbebauung zumeist am Rande von Kernstädten. Sie entstanden in den 1960er- und 1970er-Jahren vor allem in den sozialistischen Staaten als integraler Bestandteil eines städtebaulichen Leitbildes, aber auch im Rahmen des sozialen Wohnungsbaus in westeuropäischen Staaten wie der Bundesrepublik Deutschland, Frankreich oder den Niederlanden. Von Großwohnsiedlungen wird meist ab 1000 Wohnungen aufwärts gesprochen. Als sogenannte Satellitenstädte dienen Großwohnsiedlungen fast ausschließlich der Wohn- und Versorgungsfunktion (Paris: „Grands Ensembles"), als Trabantenstädte bieten sie daneben auch zahlreiche Arbeitsplätze vor Ort (vgl. die „Villes Nouvelles" im Raum Paris).

Die Moskauer Agglomeration ist eine weit ausgedehnte Einheit mit nahezu 15 Mio. Einwohnern. Man rechnet mit rund 2 Millionen Pendlern, die aus der Oblast in die Stadt kommen. Umgekehrt verfügen 40 Prozent der Moskauer über ein Wochenendhaus (Datscha) in der Region, zu dem sie sich im Sommer an jedem Wochenende begeben. Während in den 1980er-Jahren die wesentlichen regionalen Verkehrsströme noch an Wirtschaftsbetriebe gebunden waren, entsprechen sie heute eher einer Suburbanisierung, die gewaltige Verkehrsstaus nach sich zieht. Die Beziehungen zwischen der Stadt und der Oblast sind angespannt. Die Ansprüche der Oblast gegenüber der Stadt Moskau beruhen auf dem maßlosen saisonalen Druck der Moskauer auf die außerstädtische Infrastruktur und die sozialen Dienste, zumal die Ausgaben des Oblast-Budgets nur in ganz geringem Ausmaß ausgeglichen werden. Außerdem zahlt die in der Stadt arbeitende Bevölkerung aus dem suburbanen Raum ihre Einkommensteuer, die wichtigste Einnahmequelle für die städtischen Behörden, bezogen auf den Arbeitsplatz in Moskau und nicht im Wohnort in der Moskauer Oblast.
Andererseits erlaubt der einheitliche Arbeitsmarkt von Stadt und Oblast der letzteren, die Probleme von Arbeitsmarkt und Beschäftigung zu vergessen. Die wichtigsten Konflikte zwischen den beiden Verwaltungen sind mit dem Bodenmarkt verbunden. Moskau benötigt neue Baugebiete und Flächenreserven für Versorgungs- (Energie, Abfallbeseitigung, Großmärkte), Umwelt- (Grüngürtel und ökologische Ausgleichsflächen) und Erholungsaufgaben, für die Produktions- und Verkehrsinfrastruktur. Die Oblast verfolgt andere Ziele: Je näher an Moskau gelegen und je reizvoller die Umgebung, desto teurer sind die Grundstücke für eine Eigenheimbebauung.
Quelle: Radvanyi, J., Vendina, O.: Boomtown Moskau: Hauptstadt in städtebaulichen, politischen und sozialen Spannungsfeldern. Geographische Rundschau 11/2011

M 7   Quellentext zur Agglomeration Moskau

2.10 Megastadt Moskau

Innerhalb der Stadtgrenzen Moskaus leben laut offizieller Statistik zwölf Millionen Menschen. Damit ist Moskau die größte Stadt Europas. In Moskau werden mehr als 20 Prozent des russischen Bruttoinlandsprodukts erwirtschaftet, hier konzentrieren sich mehr als 80 Prozent aller Bankeinlagen des Landes. Die Transformation nach 1991 hat zu einer starken sozialen Polarisierung geführt: Nur etwa zwei Prozent der Moskauer gehören zur Oberschicht, 48 Prozent zur aufstrebenden neuen Mittelschicht und 50 Prozent haben ein geringes Einkommen. Viele Moskauer leben unterhalb der Armutsgrenze bzw. sind angesichts hoher Lebenshaltungskosten beim Verlust des Arbeitsplatzes oder bei Krankheit von Armut bedroht.

1. Stellen Sie die Bevölkerungsentwicklung Moskaus seit 1915 grafisch dar (M 1).
2. Beschreiben Sie das Foto M 4 im Zusammenhang mit dem Satellitenbild M 9.
3. Analysieren Sie die metropolitanen Funktionen Moskaus (M 3, Satellitenbild M 8, geeignete Atlaskarten).
4. Erläutern Sie die ökonomischen und sozialen Entwicklungsprozesse innerhalb des Moskauer Stadtgebietes (M 2, M 4).
Ⓩ 5. Vergleichen Sie die aktuellen Entwicklungsprozesse in Moskau mit denen in westlichen Metropolen.
6. Beurteilen Sie die Aussagekraft des Stadtstrukturmodells (M 6, S. 43) im Vergleich mit dem Satellitenbild (M 8).

Jahr	Einwohner	Jahr	Einwohner	Jahr	Einwohner
1350	30 000	1915	1 817 000	1995	9 200 994
1600	100 000	1920	1 028 200	2000	10 004 523
1710	160 000	1939	4 182 916	2005	10 750 428
1800	250 000	1956	4 847 000	2010	11 503 501[1]
1852	373 800	1970	6 941 961	2014	12 063 000
1886	753 459	1979	7 830 509	2020	12 470 000[2]
1900	1 175 000	1989	8 769 117	2030	12 200 000[2]

M 1 Moskau Bevölkerung 1350 – 2030 ([1]Zensus; [2]Prognose)

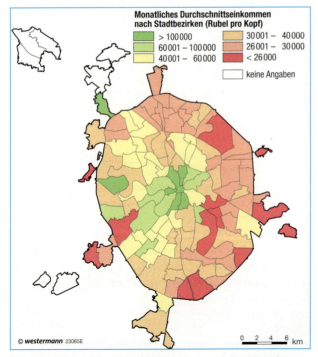

Monatliches Durchschnittseinkommen nach Stadtbezirken (Rubel pro Kopf)

- \> 100 000
- 60 001 – 100 000
- 40 001 – 60 000
- 30 001 – 40 000
- 26 001 – 30 000
- < 26 000
- keine Angaben

© *westermann* 23065E

0 2 4 6 km

M 2 Monatliches Durchschnittseinkommen nach Stadtbezirken

M 3 Moscow International Business Center am westlichen Rand des Zentrums

M 4 Gated Community im Moskauer Umland

Im Zentrum Moskaus besteht 20 Jahre nach Einführung einer Art von wildem Kapitalismus weiterhin ein Haupteffekt in der Neugestaltung von Einzelhandels- und Wohngebieten. Beispiele sind das unterirdische Einkaufszentrum unter dem Manegeplatz, die Erneuerung des Kaufhauses GUM am Roten Platz, die Planung der „Moskwa City", einem Bürohausviertel mit 20 hochmodernen Wolkenkratzern unweit des Zentrums oder das Projekt, die Schokoladenfabrik „Roter Oktober" in ein elitäres Wohnviertel umzuwandeln. Developers kaufen – bisweilen mit Gewalt – überalterte Wohnensembles und gestalten sie in Edelappartements um, wobei sie nicht zögern, ganze Straßenblocks abzureißen, um neue ultramoderne Immobilien zu errichten (Ostojenka-Viertel). (…) Einfachere Familien werden immer weiter an die Peripherie abgedrängt, während die reicheren Bewohner sich auf gentrifizierte Viertel im Zentrum und elitäre Wohnviertel (Gated Communities) in der weiteren Peripherie aufteilen. (…) Der Bau von Bürogebäuden ist der einträglichste Sektor des Moskauer Immobilienmarktes. Fast die Hälfte aller Büroflächen liegt im historischen Stadtzentrum, die andere Hälfte auf dem Gelände nahe den Industrieflächen. Der durchschnittliche Quadratmeterpreis beträgt derzeit etwa 4000 €, doch werden in den prestigeträchtigsten Lagen des Stadtzentrums auch 10 000 bis 15 000 € erreicht.

Quelle: Radvanyi, J., Vendina, O.: Boomtown Moskau: Hauptstadt in städtebaulichen, politischen und sozialen Spannungsfeldern. Geographische Rundschau 11/2011

M 5 Quellentext zur Stadtentwicklung in Moskau

Kreml

Der Kreml, der Moskauer Burgbezirk, entstand im 12. Jahrhundert auf einer Anhöhe etwa 40 Meter über der Moskwa und ist das Zentrum der russischen Staatsmacht. Der Begriff „Kreml" hat sich zum Synonym der Macht entwickelt. Darüber hinaus ist der Kreml ein einzigartiger Museums- und Kulturbezirk mit Kunstschätzen und Kirchen, der für die Öffentlichkeit zugänglich ist.

„Der Moskauer Kreml gehört ebenso wie der angrenzende Rote Platz seit 1990 zum Weltkulturerbe der UNESCO. Um als Welterbestätte anerkannt zu werden, müssen strenge Kriterien erfüllt werden, vor allem muss die herausragende Bedeutung als Erbe der Menschheit deutlich werden.

Beispiele sind die Kriterien (iii) und (iv): [Angemeldete Güter sollten daher] (...)

(iii) ein einzigartiges oder zumindest außergewöhnliches Zeugnis von einer kulturellen Tradition oder einer bestehenden oder untergegangenen Kultur darstellen;

(iv) ein hervorragendes Beispiel eines Typus von Gebäuden, architektonischen oder technologischen Ensembles oder Landschaften darstellen, die einen oder mehrere bedeutsame Abschnitte der Menschheits-Geschichte versinnbildlichen."

Quelle: www.unesco.de

M 6 Weltkulturerbe Kreml

Gated Community

Abgeschlossene, gegen unbefugten Zugang von außen gesicherte, selbstverwaltete Wohnanlage, meist mit Grün- und Sportanlagen, Ver- und Entsorgungsinfrastruktur. Gated Communities werden von wohlhabenden/privilegierten Bevölkerungsgruppen bezogen, die sich aus Furcht vor Verbrechen, aber auch aus dem Wunsch der Absonderung gegenüber anderen sozialen Gruppen, freiwillig isolieren. Gated Communities bestanden bereits in den ehemals sozialistischen Staaten des Ostblocks als abgeschlossene Wohnsiedlungen der Parteieliten.

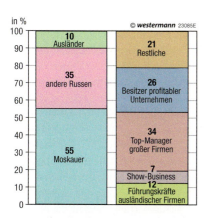

M 7 Moskau: Herkunft und Berufe der Bewohner von Gated Communities 2013

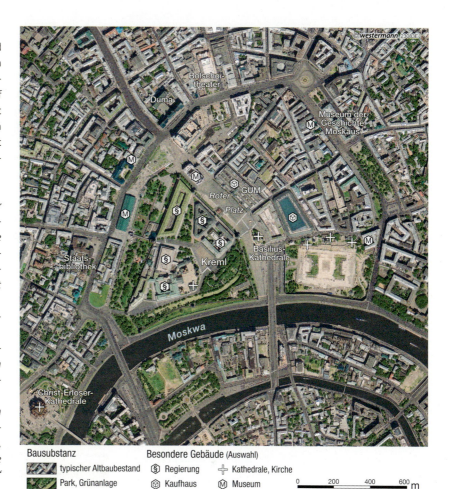

Bausubstanz
- ▨ typischer Altbaubestand
- ▨ Park, Grünanlage

Besondere Gebäude (Auswahl)
- Ⓢ Regierung
- ◎ Kaufhaus
- ✛ Kathedrale, Kirche
- Ⓜ Museum

0 200 400 600 m

M 8 Kreml und Kitai Gorod

Wohngebiet
- Einfamilienhaus
- Reihenhaus
- Villa

sonstige Bebauung und Einrichtungen
- ⬡ Freizeit- und Versorgungseinrichtung
- ⚡ Umspannwerk
- 🅿 Parkplatz
- Sicherheitszaun

0 100 200 300 m

M 9 Gated Community Rublewo-Uspenskoje

2.11 Klausurtraining: Auswertung von thematischen Karten

Sotschi – Russlands Leuchtturm am Schwarzen Meer

1. Beschreiben Sie den Tourismus am Schwarzen Meer unter besonderer Berücksichtigung Sotschis (Atlaskarte: „Europa – Tourismus", M 1, M 2, M 5).
2. Analysieren Sie das touristische Angebot sowie die Infrastruktur in Sotschi (M 5 und eine physisch-geographische Atlaskarte).
3. Beurteilen Sie die Entwicklung Sotschis zur internationalen Top-Destination mit Hilfe von Großprojekten wie den Olympischen Winterspielen (M 2 – M 4).

Die Stadt Sotschi hat rund 350 000 Einwohner (Groß-Sotschi rund 450 000 Einwohner auf einer Fläche von 3500 km²). Sie ist einer der bedeutendsten und bekanntesten Bade- und Kurorte des Landes an der „Russischen Riviera". Sotschi ist auch Universitäts- und Kongressstadt sowie Veranstaltungsort für ein bedeutendes russisches Filmfestival. Zu Zeiten der Sowjetunion waren Sanatorien, Kurhotels und Ferienheime vorherrschend. Mit jährlich rund sechs Millionen Urlaubern war Sotschi damals deutlich stärker besucht als nach 1991 (gegenwärtig: circa vier Millionen Urlauber mit steigender Tendenz). Für die Austragung der Olympischen Winterspiele 2014 sowie des Formel 1-Rennens in Russland (erstmalig ebenfalls 2014) wurden Milliardensummen im Stadtbezirk investiert. Auch während der Fußball-Weltmeisterschaft in Russland 2018 wird Sotschi einer der Austragungsorte sein.

Vom 7. bis zum 23. Februar 2014 war der subtropische Kur- und Erholungsort Sotschi am Schwarzen Meer Austragungsort der XXII. Olympischen Winterspiele. Im Stadtteil Adler an der Grenze zu Georgien (Abchasien) erstreckte sich ein Park mit sechs Stadionbauten und dem Olympischen Dorf. In den Bergen um Krasnaja Poljana, 40 km nordöstlich von Sotschi, wurden die alpinen, nordischen und Skisprungwettbewerbe ausgetragen; durch den Eiskanal von Sanki fuhren Bobs und Schlitten. Da der größte Teil der Sportstätten und die Infrastruktur komplett neu errichtet werden mussten und scharfe Sicherheitsvorkehrungen getroffen wurden, waren diese Olympischen Spiele mit offiziell 50 Mrd. US-$ Gesamtkosten die teuersten. Finanziert wurden sie vorwiegend aus öffentlichen Haushalten (föderaler Haushalt, Gebiet Krasnodar) sowie durch staatliche Unternehmen (....) und Banken (...). Zu den privaten Geldgebern gehörten kremlnahe Oligarchen wie Oleg Deripaska (Rusal), Wladimir Potanin (Norilsk Nickel) und Arkadi und Boris Rotenberg (SGM). Immense Geldverschwendung wiesen die Oppositionspolitiker Alexei Nawalny und Boris Nemzow bei zahlreichen Bauten nach. (...) Ausbeutung und schlechte Lebensbedingungen von Bauarbeitern, darunter ca. 40 000 Ausländer aus ehemaligen Sowjetrepubliken, wurden international besonders kritisiert. Aufgrund von Datenmaterial der NGO Human Rights Watch und Memorial setzte das IOK nach eigenen Angaben im Januar 2014 eine Lohnnachzahlung für 6175 Beschäftigte in Höhe von rund 5,9 Mio. € durch.
Quelle: Fischer Weltalmanach 2015

M 2   Quellentext zu den Olympischen Winterspielen 2014

M 1   Strand in Sotschi

M 3   Skigebiet in Krasnaya Poljana

Methode: Auswertung von thematischen Karten

Bei der Auswertung von thematischen Karten können Sie anhand der Legende vorgehen, die in der Regel sinnvoll gegliedert ist. In der nebenstehenden Legende sind z.B. die extra für die Olympischen Winterspiele in Sotschi gebauten Einrichtungen gelb eingefärbt, um sie von den bereits vorhandenen Einrichtungen unterscheiden zu können. Ganz allgemein und schematisch kann eine Auswertung in folgenden Schritten erfolgen:

• Flächensignaturen decken die jeweiligen Flächen so mit unterschiedlichen Farben ab, dass die inhaltlichen Unterschiede deutlich werden. In komplexen thematischen Karten werden teilweise noch zusätzlich Raster (Linien oder Punkte) über Flächenfarben gelegt. Das Relief kann durch Schattierung betont werden. Hier fehlt es (bis auf Höhenangaben) und muss durch eine geeignete physisch-geographische Karte ergänzt werden.

• Liniensignaturen stellen z.B. Grenzen, Uferlinien, Flüsse oder Verkehrswege dar. Auch Pfeile oder Isolinien (z.B. Linien gleicher Höhe) sind besondere Formen dieser Signatur. Grenzen von Naturschutzgebieten können für mögliche Flächennutzungskonflikte eine Rolle spielen.

• Sogenannte Punktsignaturen oder Bildsignaturen können einem bestimmten Punkt auf der Karte zugeordnet werden und kennzeichnen diesen Standort. Neben geometrischen Signaturen (z.B. Kreise oder Rauten) finden auch bildliche Darstellungen (Piktogramme) Verwendung und sind leicht zu entschlüsseln.

Achtung: In die vorliegende thematische Karte sind zwei Klimadiagramme eingeklinkt, deren Auswertung ebenfalls zur Aufgabenstellung gehört. Anhand der Jahresdurchschnittstemperatur wird die Klimazone deutlich.

M 4 Olympic Park in Sotschi

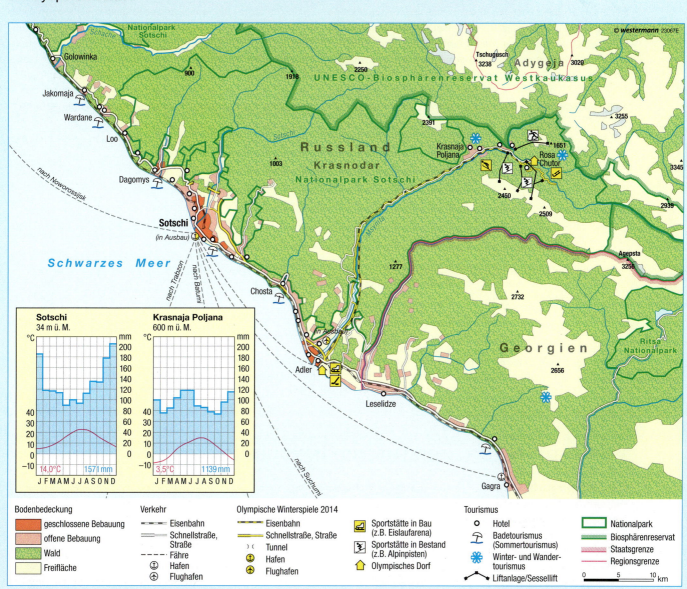

M 5 **Sotschi: Tourismus, Infrastruktur und Klima**

Zusammenfassung

Vor allem im internationalen Vergleich sind die räumlichen Disparitäten zwischen Aktiv- und Passivräumen in Russland stark ausgeprägt. Die Ursachen dafür liegen nicht allein in der unterschiedlichen naturräumlichen Ausstattung der Teilräume (Relief, Klima und Böden), was eine sehr einfache geodeterministische Sichtweise wäre. Sie sind auch in den historisch-politischen, wirtschaftlichen und sozialen Entwicklungsprozessen zu suchen, die eine unterschiedliche Bevölkerungs- und Machtverteilung, Erschließung und somit auch wirtschaftliche Inwertsetzung in verschiedenen Regionen zur Folge hatten. Letztendlich sind auch die unterschiedlichen Lebensbedingungen der Menschen in den jeweiligen Regionen auf die genannten Faktoren zurückzuführen.

Bevölkerungsentwicklung und ethnische Gruppen

Bei einem Vergleich der Bevölkerungsentwicklung Russlands mit der in den zentralasiatischen Nachfolgestaaten der Sowjetunion ist die sehr unterschiedliche Dynamik auffällig. Dies gilt auch für einen Vergleich der Bevölkerungsentwicklung zwischen den Regionen innerhalb Russlands. Vom empirischen Modell des demographischen Übergangs in den westlichen Industrieländern weicht die Bevölkerungsentwicklung in Russland deutlich ab: Innerhalb Russlands ist es im Gefolge der politischen, gesellschaftlichen und wirtschaftlichen Transformationsprozesse nach 1991 zu einer ausgeprägten sozialen Verunsicherung und Polarisierung gekommen. Die Kluft zwischen Arm und Reich ist auch im internationalen Vergleich auffällig. Zudem bestehen soziale Unterschiede zwischen den tendenziell eher ärmeren ethnischen Minderheiten Russlands und der russischen Bevölkerungsmehrheit. Die ethnischen Konflikte beruhen im Kern auf unterschiedlichen Wertvorstellungen und Traditionen sowie auf den negativen geschichtlichen Erfahrungen der Minoritäten mit dem Zarenreich, mit der früheren Sowjetunion und seit 1992 mit Russland.

Räumliche Disparitäten, Landflucht und Migration

Zwischen den verstädterten europäischen Regionen und den nahezu menschenleeren Gebieten Sibiriens bestehen große räumliche Disparitäten. Das betrifft die Wirtschaftskraft, die Wirtschaftsleistung und die Kaufkraft. Als besonders schlecht gelten die Lebensbedingungen auf dem Lande. Innerhalb Russlands gibt es daher eine ausgeprägte Landflucht. Auch aus den wenig attraktiven Klein- und Mittelstädten ziehen Menschen in Großstädte mit besseren Lebenschancen, v.a. mit besseren Bildungs- und Berufsmöglichkeiten. Die Zuwanderung von ethnischen Russen aus den 1991 neu entstandenen Staaten nach Russland ist ebenfalls bedeutsam. Folglich ist die Außenwanderungsbilanz Russlands insgesamt positiv. Zwischen Kasachstan und Russland entstand auch aufgrund des Wanderungsgeschehens ein komplexes Wirkungsgefüge.

Stadtentwicklung und Transformation

Das russische Städtesystem wird dominiert von der Primatstadt Moskau, die die übrigen Städte des Landes an Größe und Bedeutung mit weitem Abstand überragt – auch die zweitgrößte Stadt, Sankt Petersburg. Es gibt „Verlierer" und „Gewinner" des Transformationsprozesses im Städtesystem: vor allem die monostrukturierten Industriestädte schrumpfen, und neue Regionalmetropolen bilden sich heraus. Letztere verfügen insbesondere über gute nationale und internationale Flugverbindungen (Gate-way-Funktion). Innerhalb der Städte hat die Transformation zur sozialen Polarisierung (s.o.) sowie zu einer ausgeprägten sozialräumlichen Differenzierung geführt. Auf der Grundlage einer beginnenden Massenmotorisierung kommt es darüber hinaus zu einer massiven Suburbanisierung. Gentrifizierungsprozesse und die Entstehung von Gated Communities sind besonders deutlich in der Megastadt Moskau zu beobachten, dem historischen Machtzentrum Russlands.

Kompetenzcheck

Kompetenzbereich Fachwissen		Kapitel
Fachmodul	• Anthropogeographische Faktoren (FM 1)	2.1 - 2.5
	• Demographische Strukturen und Entwicklungen (FM 1)	2.2, 2.6, 2.7
	• Mobilität (FM 1)	2.3, 2.7
	• Sozial- und wirtschaftsräumliche Disparitäten (FM 2)	2.3, 2.6, 2.7
	• Entwicklungen in städtischen Räumen (FM 4)	2.9 - 2.11
	• Grundzüge der Raumordnung für ländliche und städtische Räume (FM 4)	2.6, 2.8 - 2.10
	• Konzepte der Stadtentwicklung (FM 4)	2.8, 2.9
Raummodul	• Probleme der Raumnutzung (z. B. Raumweite, naturräumliche Herausforderungen) (RM 6)	2.1 , 2.6, 2.8
	• Russlands wirtschaftsräumliche Verflechtung mit den Nachfolgestaaten der früheren Sowjetunion (RM6)	2.5, 2.7
	• Bevölkerungsverteilung, ethnische Differenzierung (RM 6)	2.1 - 2.5
	• Transformation im städtischen Raum (RM 6)	2.8 - 2.11

Weiterführende Literatur und Internetlinks

Diercke Regionalatlas Russland
• historische Stadtentwicklung Sankt Petersburg und Moskau
• Migration Russland
• Bevölkerungsentwicklung 2010 – 2030
• Völker des Kaukasus
• Modell der sozialistischen Stadt
• Innenstadt Moskau

Stiftung Weltbevölkerung
• www.weltbevoelkerung.de
Im jährlichen Datenreport grundlegende soziale und demographische Daten aller Staaten der Erde.

www.worldmapper.org
Darstellung der Bevölkerungsverteilung

Russlands und der Nachfolgestaaten der UdSSR in interessanten Kartogrammen

Aeroflot
• www.aeroflot.ru/cms/de/flight/ways_map
Interaktive Karte der wichtigsten Flugziele (Städte) von Aeroflot, u.a. in Russland.

3 RESSOURCEN UND NACHHALTIGKEIT

3.1 Nachhaltige Rohstoffnutzung und -gewinnung?

Rohstoffe – Rohstoffe – Rohstoffe

Allein die Automobilindustrie benötigt jährlich riesige Rohstoffmengen für die weltweite Produktion von über 80 Millionen Autos. Täglich sind über eine Milliarde Autos und LKW auf Treibstoff aus Erdöl angewiesen.

Die Weltbevölkerung hat in den letzten Jahrzehnten mehr Rohstoffe verbraucht als in der gesamten Menschheitsgeschichte zuvor. Etwa zehn Tonnen natürlicher Ressourcen pro Jahr benötigte jeder Erdenbürger im Schnitt. Dazu gehören pflanzliche Biomasse genauso wie fossile Energieträger wie Kohle und Öl, Sand und Zement als Baustoff sowie Edelmetalle und Mineralien. Je nach Entwicklungsstand ist der Verbrauch regional jedoch sehr unterschiedlich: Pro Jahr und Einwohner sind es in den USA rund 21 Tonnen, in Deutschland und Russland etwa 13 Tonnen und in vielen Ländern Afrikas weniger als fünf Tonnen.

Nichtregenerierbare Primärrohstoffe

Diese Rohstoffe werden in Lagerstätten gewonnen, das sind Standorte, an denen die Konzentration von Bodenschätzen so hoch ist, dass sie wirtschaftlich gewinnbringend förderbar sind. Je nach Lagerstätte baut man die Rohstoffe in Bergwerken unter Tage oder im Tagebau an der Erdoberfläche mit großen Baggern und Radladern beziehungsweise Pumpen ab. Bei vielen Lagerstätten sind die Konzentrationen relativ gering. Pro Kilogramm eines gewonnenen und vermarktungsfähig aufbereiteten Rohstoffs müssen Massen von Abraum bewegt und Unmengen von Energie eingesetzt werden. Diese schleppt der Rohstoff gewissermaßen als „ökologischen Rucksack" mit sich herum. Für ein Kilogramm Stahl wären das 9,32 kg abiotische Rohstoffe (wie Energieträger und bewegte Erde) und 82 kg Wasser. Darüber hinaus stellt die Gewinnung von Rohstoffen fast immer einen großen Eingriff in den Naturhaushalt und in das Leben der ansässigen Bevölkerung dar.

Rohstoffsicherung und Nachhaltigkeit

Somit ist nicht nur der Rohstoffverbrauch selbst eine Herausforderung für die Wirtschaft, für die Umwelt und für den Menschen, sondern auch schon die Gewinnung dieser Rohstoffe. Beides sollte sich am Modell der Nachhaltigkeit

Eisen und Stahl	900 kg
Gummi/Kunststoff	220 kg
Aluminium	140 kg
Glas	35 kg
Kupfer	25 kg
Zink	10 kg
Blei	8 kg
Seltene Erden	k. A.
Platin-Gruppe-Metalle	k. A.
Kobalt	k. A.
Gesamt rund	1340 kg

M 2 **Rohstoffverbrauch bei der Produktion eines PKWs**

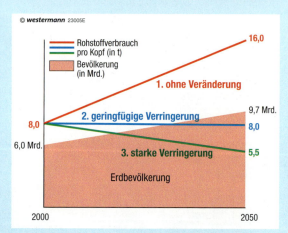

M 3 **Zukunftsszenarien des globalen Rohstoffverbrauchs**

orientieren, um den größtmöglichen ökologischen, ökonomischen und sozialen Nutzen sicher zu stellen.

Mit großer Wahrscheinlichkeit wird der Rohstoffverbrauch auch in den nächsten Jahrzehnten weiter steigen. Die Russische Föderation sowie deren Nachfolgestaaten gehören zu den Staaten der Erde, die über große, häufig auch noch unerschlossene Rohstoffvorkommen verfügen. Wie wird dieses Potenzial heute und zukünftig genutzt? Inwieweit konnten und können die Erschließung, die Förderung und der Transport der Rohstoffe nachhaltig gestaltet werden?

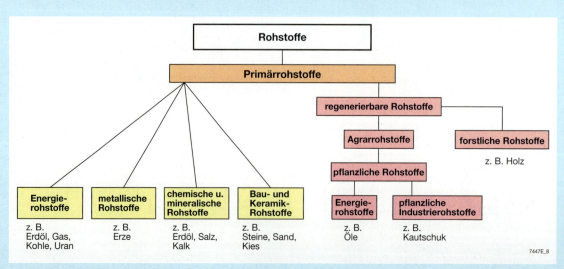

M 1 **Gliederung der Primärrohstoffe**

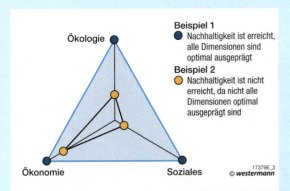

M4 Nachhaltigkeitsdreieck

Das Modell der Nachhaltigkeit

Um die Folgen von raumwirksamen Projekten einzuschätzen, hat sich seit den 1990er-Jahren das Modell der Nachhaltigkeit als ein Bewertungs- und Entscheidungsinstrument durchgesetzt. Ein Projekt ist dann nachhaltig, wenn zukünftig keine Schäden in der natürlichen Umwelt auftreten (Ökologie), sich die Lebensbedingungen der Menschen verbessern (Soziales) und wirtschaftliche Gewinne erzielt werden (Ökonomie). Das Nachhaltigkeitsdreieck ist ein Modell zur Visualisierung nachhaltigen Handelns.

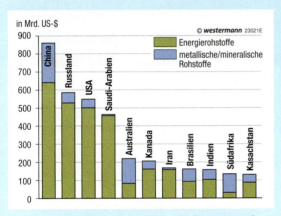

M5 Weltweite Bergbauproduktion 2012 (in Mrd. US-$)

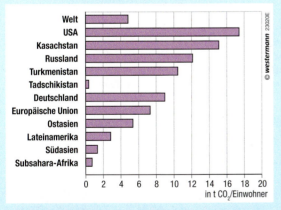

M6 CO$_2$-Emissionen: Ausgewählte Länder und Regionen 2013 (in t CO$_2$/Ew.)

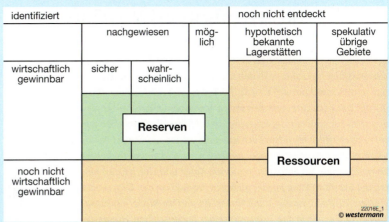

M7 Reserven und Ressourcen

Der Begriff Nachhaltigkeit wird in Russland selten richtig verstanden. Unter dem Einfluss des wirtschaftspolitischen Paradigmas der 1990er- und 2000er-Jahre wurde nachhaltig vor allem ökonomisch interpretiert: als stetige Zunahme des Bruttosozialprodukts. Diese rein wirtschaftliche Betrachtungsweise klammerte die Erwägung aller externen Effekte auf die Umwelt aus. (...) Zunächst spielt der Faktor „großes Land" eine wichtige Rolle. Als größtes Flächenland der Welt ist Russland sehr dünn besiedelt. Die Verfügbarkeit von riesigen natürlichen Ressourcen beeinträchtigt die Sensibilität der Menschen für Umweltprobleme. Die Vorstellung, dass Ressourcen wie Land, Wasser, Wälder, Öl und Gas schier unerschöpflich sind, ist tief im Bewusstsein der Menschen verwurzelt. Diese Haltung findet sich auch in anderen großen und rohstoffreichen Ländern der Welt, wie zum Beispiel in Brasilien, Kanada oder den USA.
Ein weiterer Aspekt betrifft die Sichtbarkeit von Umweltschäden. Oft bleiben Umweltkatastrophen unbemerkt, besonders in den dünn besiedelten Gebieten, in denen sich die meisten Öl- und Gasfelder befinden. Solange Organisationen wie Greenpeace keinen Hubschrauber senden und Filmmaterial über ein Ölleck produzieren, sind die Chancen, dass jemand etwas davon erfährt, relativ gering. (...)
Und schließlich wirkt noch das sowjetische Erbe des Konzepts von der „Eroberung der Natur" zum Wohle des Volkes nach. Die Vorstellung von Flussbegradigungen, Eingriffen in die Landschaft oder der Umwandlung von Ökosystemen zum Wohle der Industrieproduktion war eine der Antriebskräfte für die sowjetische Wirtschaft. Diese Haltung herrscht in vielerlei Hinsicht bis heute vor. Die neuen wirtschaftlichen Realitäten der 1990er- und anfänglichen 2000er-Jahre brachten es mit sich, dass auf Kosten der Natur schnelles Geld gemacht wurde. So kamen neben den ohnehin schon „ererbten" Umweltproblemen aus Zeiten der UdSSR (vorwiegend aus der Industrie) neue dazu: Luftverschmutzung durch Autos, das Abfallproblem, übermäßiger Konsum und so weiter.
Quelle: Davydova, A.: Nachhaltigkeit in Russland 1.8.2013
Die Autorin ist russische Umwelt-Journalistin.

M8 Quellentext zur Nachhaltigkeit in Russland

---

1. In Deutschland wurden 2013 etwa 5,5 Mio. Autos produziert. Berechnen Sie den dafür notwendigen Rohstoffverbrauch (M2).
2. Erklären Sie die Begriffe Rohstoff, Ressource, Lagerstätte und Nachhaltigkeit.
3. Erläutern Sie die Bedeutung Russlands für die globale Rohstoffversorgung (M5).
4. Fassen Sie die Besonderheiten Russlands im Bezug zum Nachhaltigkeitsmodell zusammen.

3.2 Rohstoffgigant Russland

Wenn Russland hierzulande in den Wirtschaftsnachrichten auftaucht, dann geht es meist nur um eine Sache: Erdgas, Erdöl oder einen anderen Rohstoff. Zwar schickte man den ersten Menschen in den Weltraum und war auf vielen anderen Gebieten industriell führend, doch heute wird das Land wirtschaftlich hauptsächlich nur noch wegen seiner zum Teil riesigen Vorkommen vieler verschiedener mineralischer und energetischer Rohstoffe wahrgenommen. Bei Erdöl, Erdgas, Uran, Kohle und vielen Erzen nimmt das Land Top-Ten-Plätze bei der globalen Produktion ein. Gegenwärtig investiert Russland massiv in die Förderung und die Modernisierung der Verarbeitung sowie in den Transport seiner Bodenschätze. Hunderte Milliarden US-Dollar werden bis 2030 in neue Vorhaben gesteckt. Führt diese Strategie zu einer nachhaltigen gesamtwirtschaftlichen Entwicklung?

1. Erläutern Sie die Aussage „Russland ist ein Rohstoffgigant".
2. Charakterisieren Sie Probleme und Perspektiven der Rohstofferschließung, die sich aus der Verbreitung und geographischen Lage der Lagerstätten ergeben (M6).
3. Analysieren Sie die Bedeutung der Rohstoffe für die russische Wirtschaft (M5, S. 51; M1, M2, M4).
4. Experten warnen: „Russlands Wirtschaft ist zu abhängig von Rohstoffen". Entwickeln Sie Thesen, die diese Aussage bestätigen bzw. widerlegen.
5. Entwickeln Sie in Partnerarbeit Vorschläge, wie Russland seine Rohstoffabhängigkeit überwinden könnte.
6. Beurteilen Sie die Bemühungen der russischen Regierung beim Ausbau der Förderung Seltener Erden (M8, M9).

M3   **Kohletransport in Russland und Hafen von Murmansk**

Rohstoff	Reserven 2013			Förderung 2013		
	Menge	Anteil Welt	Rang	Menge	Anteil Welt	Rang
Erdgas	31 Mrd. m³	16,8 %	2	604 Mrd. m³	17,9 %	2
Erdöl	13 Mrd. t	5,5 %	8	531 Mrd. t	12,9 %	2
Steinkohle	70 Mrd. t	10,1 %	4	279 Mio. t	4,0 %	6
Uran	505900 t	9,0 %	3	3135 t	5,3 %	6
Eisenerz	14 Mrd. t	16,0 %	3	105 Mio. t	3,4 %	4
Kupfer	30 Mio. t	4,3 %	6	0,8 Mio. t	4,6 %	7
Nickel	30 Mio. t	9,8 %	4	270000 t	10,5 %	3
Diamant	40 Mio. kt	5,4 %	6	17 Mio. kt	28,3 %	1
Gold	5000 t	9,0 %	3	230 t	8,2 %	3
Holz	81 Mrd. m³	15,5 %	1	180 Mrd. m³	10,3 %	1

M1   **Reserven und Förderung von Rohstoffen in Russland**

Rang	Staat	Reserven	Ressourcen	Bergwerksproduktion	Raffinadeproduktion
1	China	2	9	1	1
2	Brasilien	3	1	3	7
3	Australien	1	2	2	12
4	Russland	4	6	4	3
5	Chile	6	4	5	10
6	Kanada	8	3	9	11
7	USA	9	11	8	4
8	Südafrika	7	5	7	15
9	Indien	5	22	6	5
10	Ukraine	12	13	13	9

M4   **Mineralische Rohstoffe: Weltweiter Rang (nach Wert aller Rohstoffe in US-$) in den verschiedenen Kategorien Reserven, Ressourcen, Bergwerksproduktion und Raffinadeproduktion 2013**

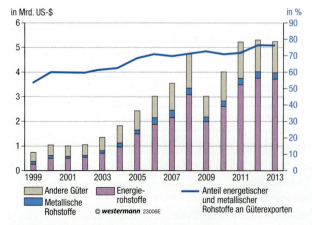

M2   **Entwicklung des russischen Außenhandels**

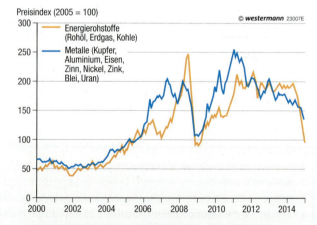

M5   **Preisindizes Energie- und Metallrohstoffe 2000−2014**

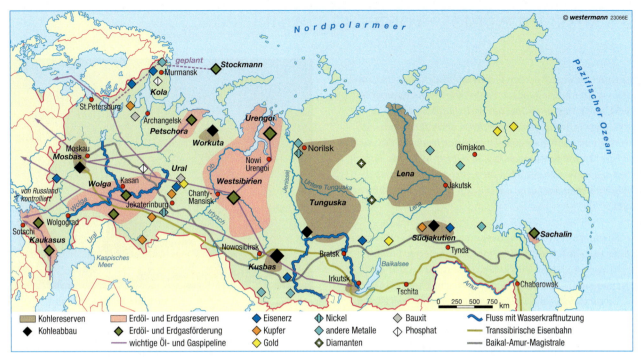

M 6 Verteilung wichtiger Rohstoffvorkommen in Russland

„Das Problem sind nicht die Einnahmen aus dem Öl- und Gasexport. Russland hat nun einmal viele Rohstoffvorkommen, und es ist naheliegend, dass es davon profitiert. Das Problem ist, dass diese Einnahmen nicht für die Entwicklung anderer Branchen genutzt werden, weshalb Russland seine Rohstoffabhängigkeit nicht abbauen kann."

Sergej Woskressenski, *russischer Energie-Experte (2013)*

„Russland und Brasilien haben ein rohstoffgetriebenes Wachstumsmodell. Doch der Boom bei den Rohstoffpreisen ist vorbei. Die hohen Preise haben die Anstrengungen zur Förderung von Rohstoffen verstärkt, das Angebot ist gestiegen. Seit 2011 stagnieren die Rohstoffpreise oder gehen sogar zurück. Dazu kommt, dass sich Russland und Brasilien die holländische Krankheit eingefangen haben: Der Boom hat die Löhne im Rohstoffsektor in die Höhe getrieben und Arbeitskräfte aus anderen Branchen angelockt. Dadurch sind auch dort die Löhne gestiegen. Beide Länder haben an Wettbewerbsfähigkeit eingebüßt."

Joachim Fels, *Chefökonom der US-Bank Morgan Stanley (2013)*

„Für den größten Teil des bisherigen 21. Jahrhunderts sahen Politiker in Russland die Öldollars strömen. Es gab zwei entgegengesetzte Reaktionen auf diesen Geldfluss: ausgeben oder sparen. (...) Für den größten Teil seiner zehn Amtsjahre als Finanzminister hat Alexej Kudrin den Ausgabenbefürwortern Widerstand entgegen gebracht. Seit 2004 baute er den Stabilisierungsfonds auf, der später in den Reservefonds und den Nationalen Wohlstandsfonds (russ: FNB) geteilt wurde. Dessen Mittel haben 2008 und 2009 die Staatsausgaben gestützt, als die Einnahmen aus fossilen Energieträgern zurückgegangen waren. Russland konnte dadurch die heftige Rezession ohne eine größere Verschuldung bewältigen."

Philip Hanson, *britischer Ökonom (2012)*

M 7 Zitate zur russischen Rohstoffabhängigkeit

Stabilisierungsfond – Reserve-/Wohlstandsfond

Das russische Finanzministerium gestaltete 2008 den russischen Stabilisierungsfonds in den Reservefonds (er soll der Deckung von Ausgaben des Staatshaushalts im Falle eines wesentlichen Rückganges der Erdölpreise dienen) und in den nationalen Wohlstandsfonds (für die Lösung der Probleme des Rentensystems) um. 2014 betrugen die Einlagen in beiden Fonds etwa 120 Mrd. US-$.

Verwendung	Beispiele
Phosphoreszenz, Lumineszenz	Energiesparlampen, LED, LCD, Plasmabildschirm, Laser
Magnete	Motoren/Generatoren in Elektrofahrzeugen, Hybrid-Fahrzeugen und Windrädern , Festplatten, Kernspintomograph, Lautsprecher
Metall-Legierung, Batterien	Legierungen für Stahl, Zündgeräte, NiMH-Batterie, Brennstoffzelle, Leichtbau
Katalysatoren	Autokalaysatoren
Glas, Polierung, Keramik	Poliermittel, Glasadditive zur Färbung, Stabilisator in Keramik, Keramikkondensatoren, UV-Adsorption
Andere	Wasseraufbereitung, Pigmente, Düngemittel, Nukleartechnologie

M 8 Haupteinsatzgebiete Seltener Erden

Russland will im Markt für Seltene Erden Fuß fassen, der heute von China dominiert wird. Bis Februar 2013 soll dazu ein Förderungs- und Produktionsprogramm für Metalle der Seltenen Erden vorliegen. (...) Russland verfügt wahrscheinlich über 20 % der Weltreserven an Seltenen Erden. Doch das Land zieht aus diesen Ressourcen kaum Nutzen: (...) Das soll sich jetzt grundsätzlich ändern: Bis 2020 soll Russland 10 % der Weltproduktion erreichen. (...) „Die reinen Metalle werden in Russland de facto nicht hergestellt. Bei uns fördert man den Rohstoff, der dann im Ausland – in Estland, Kasachstan oder Kirgisien – verarbeitet wird. Zu Sowjetzeiten gab es noch einen ganzen Verbund von Fabriken für die Aufbereitung der auf sowjetischem Territorium geförderten Seltenen Erden. Doch mit dem Zusammenbruch der Union zerfiel auch die Produktionsbasis für diese wichtigen Metalle", erklärt der Senior Analyst Dinnur Galichanow von der Investmentbank Aton. (...) Indessen werden die Metalle der Seltenen Erden immer wichtiger: (...). „Wenn sich Russland weiter modernisieren will, dürfte es ohne den Zugang zu solchen Metallen sehr schwierig und teuer werden. Denn man müsste die Metalle zu horrenden Preisen auf dem Weltmarkt erwerben – falls es sie überhaupt in ausreichender Menge gibt", meint Galichanow.
Quelle: Samofalowa, O.: Seltene Erden für Russland immer wertvoller. Russia beyond the headlines 5.11.2012

M 9 Quellentext zur Ausweitung der Förderung Seltener Erden

3.3 Ressource Erdöl – Förderung in Sibirien

Die Schneesicherheit im westsibirschen Chanty-Mansisk ist nur ein Grund, dass die Stadt im Winter Austragungsort zahlreicher internationaler Ski-Wettbewerbe ist. Sie verfügt auch über das wirtschaftliche Potenzial, solche teuren Großveranstaltungen auszurichten, denn der Autonome Bezirk der Chanten und Mansen ist eine der reichsten Regionen Russlands. Der Wohlstand der 523 000 km² großen Region mit 1,37 Millionen Einwohnern beruht auf den reichen Erdölvorkommen. Hier fördern die großen russischen Ölunternehmen wie Lukoil oder Sibneft mehr als die Hälfte des russischen Erdöls.

1. Beschreiben Sie unter Verwendung geeigneter Atlaskarten die Verteilung des in Westsibirien geförderten Erdöls.
2. Analysieren Sie die Entwicklung des russischen Erdölsektors („Geschichte der russischen Erdölwirtschaft", M 1, M 4, M 8).
3. Vergleichen Sie die Entwicklung der Erdölwirtschaft von Russland, Saudi-Arabien und den USA.
ⓩ 4. Beschreiben Sie die räumliche Lage der Stadt Chanty-Mansisk sowie die natürlichen Bedingungen in der Erdölregion Westsibiriens (Atlas, M 3).
5. Beurteilen Sie die Nachhaltigkeit der Erdölförderung in Westsibirien (M 7).
6. Erläutern Sie die Erschließung nichtkonventioneller Erdölressourcen in Westsibirien (M 8 – M 11).
ⓩ 7. Erklären Sie die Fracking-Technik sowie deren Potenziale und Gefahren (M 9, Internet)

M 2   Erdölförderturm in der Region Krasnojarsk, Russland

	J	F	M	A	M	J
Temperatur (in °C)	-20,5	-18,9	-9,5	-1,1	6,9	14,6
Niederschläge (in mm)	28	20	21	30	43	70
	J	A	S	O	N	D
Temperatur (in °C)	18,5	14,5	8,3	-0,8	-10,9	-16,9
Niederschläge (in mm)	81	67	32	52	41	31

Durchschnittstemperatur: -1,6 °C;
Gesamt-Niederschlag: 548 mm

M 3   Klimatabelle Chanty-Mansisk

	Russland	Saudi-Arabien	USA
Bohrtürme	304 (320)	148 (102)	1771 (1172)
Rohölproduktion*	10788 (10139)	11525 (9663)	10003 (7269)
Rohölverbrauch*	3313 (2772)	3075 (2592)	18887 (18771)
Rohölexport*	4710 (4967)	7571 (6268)	119 (454)
Raffineriekapazität*	5754 (5401)	2507 (2109)	17815 (17678)
Export Erdölprodukte*	2123 (2159)	794 (1008)	2847 (1790)

M 4   Daten zur Erdölwirtschaft 2013 (in Klammern 2009; *in 1000 Barrel/Tag)

Geschichte der russischen Erdölwirtschaft

Anfang der 1960er-Jahre entdeckten sowjetische Geologen in Westsibirien in vergleichsweise geringen Tiefen von 700 bis 3000 Meter Erdöl. Die Erschließung war aufgrund der klimatischen Verhältnisse problematisch. Mitte der 1970er-Jahre begann die Förderung. Die hohen Erschließungskosten hatten sich gelohnt, denn schnell erlangte die UdSSR die Spitzenposition in der Welterdölförderung. Die zum Ende der Sowjetzeit und mit Beginn der Transformationsphase rückläufigen Investitionen führten zu einem deutlichen Produktionsrückgang. Die technischen Anlagen waren verschlissen, Bohrlöcher ruiniert, die Erschließung neuer Lagerstätten stockte. Mit den steigenden Rohölpreisen auf dem Weltmarkt verbesserten sich die Bedingungen für die Erdölwirtschaft wieder. Auch gelang es den neuen russischen Ölunternehmen, die Produktion effektiver und rationeller zu gestalten.

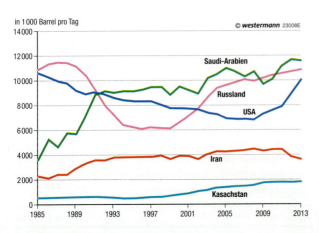

M 1   Erdölförderung ausgewählter Länder 1985 – 2013

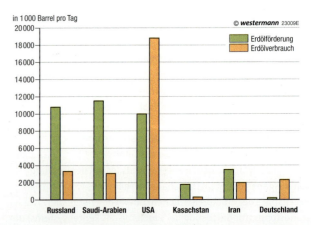

M 5   Erdölförderung und -verbrauch ausgewählter Länder 2013

M 6   Komi: Leckage in Pipeline

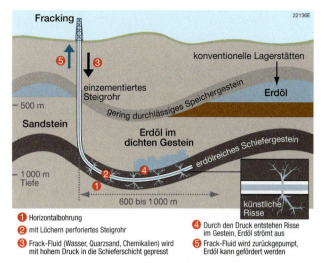

M 9   Die Fracking-Technologie

Infolge der extremen klimatischen Bedingungen in dieser Region müssen bei der Ölförderung unterschiedliche Faktoren beachtet werden: Erst durch den Permafrostboden wird die Erde begehbar und bebaubar. Eine Erwärmung des Bodens würde sämtliche Konstruktionen im Morast versinken lassen. Der Verschleiß der Anlagen ist unter diesen Bedingungen sehr hoch und es ist sehr aufwändig, in dieser Region überhaupt etwas zu bauen, weil alle Konstruktionen, die Wärme ausstrahlen, isoliert werden müssen. (...) Die Schäden durch die Ölförderung haben schwerwiegende Auswirkungen auf die Umwelt und auf die Wirtschafts- und Lebensweise der lokalen Bevölkerung. Schon mehrfach geriet Öl durch Lecks in das Ökosystem. 1989 waren bereits 28 größere Flüsse und 100 kleinere Gewässer biologisch tot und der Fischfang auf dem Fluss Ob musste eingestellt werden. Für die Chanten, Mansen und Nenzen gehört die Zerstörung der Rentierweiden zu den wichtigsten Folgen. In den letzten 25 Jahren gingen fast 20 Millionen Hektar Rentierweiden verloren, und jedes Jahr kommen weitere 500 000 Hektar hinzu. Diese massiven Zerstörungen werden meist durch Lecks in den Leitungen und Verluste bei den Bohrungen und Förderungen, aber auch durch den Bau von neuen Straßen, Pipelines und Siedlungen hervorgerufen. Für einen Hektar, der zur Ölförderung genutzt wird, werden bis zu 15 Hektar Land zerstört. (...) Die Ölförderung hat einen eklatanten Wassermangel zur Folge. Aufgrund des tief abgefallenen Drucks in den Ölreservoirs wird Wasser in den Boden gepumpt. Der Wasserpegel der Flüsse kann dadurch so weit absinken, dass diese kaum noch befahrbar sind. Fast die Hälfte der gesamten Wasserreserven in der Region werden inzwischen für die Ölförderung verwendet.

Quelle: Gesellschaft für bedrohte Völker: Hintergrundtext zur Öl- und Gasförderung in Westsibirien (2005)

M 7   Quellentext zu ökologischen Problemen bei der Erdölförderung

[In Westsibirien] *liegt die Baschenow-Formation, ein gigantisches Vorkommen von Schieferöl auf einer Fläche von 1,2 Mio. km², etwa so groß wie Spanien und Frankreich zusammen. In einer Tiefe von rund zwei km ruht dort ein Großteil der technisch förderbaren Schieferöl-Reserven Russlands, die nach einer Schätzung der amerikanischen Energy Information Administration (EIA) insgesamt 75 Mrd. Fass betragen. Zum Vergleich: Alle nachgewiesenen Erdölreserven Russlands betragen laut BP „nur" 93 Mrd. Fass. (...)*

Doch bis das russische Erdöl an die Oberfläche kommt, wird es noch dauern. Die Erschließung der Baschenow-Formation steckt in den Kinderschuhen. Gazprom Neft, die Erdöltochter des staatlich kontrollierten Erdgaskonzerns Gazprom, öffnete dort im Januar in Kooperation mit Shell das erste von fünf Bohrlöchern, mit denen in den kommenden zwei Jahren Fracking-Technologien getestet werden. Beim Fracking wird eine Mischung aus Wasser und Chemikalien unter hohem Druck in das Schiefergestein gepresst und so das darin enthaltene Erdöl freigesetzt. Gazprom Neft erwartet vor 2021 keine Förderung im großen Stil. Nach den Worten von Grigori Wigon, Direktor des Energy Center im Moskauer Forschungszentrum Skolkowo, wird es gar zehn Jahre dauern, bis die Formation ausgebeutet werden kann – wegen noch fehlender Technologien. Der Rückstand ist groß, und die Vorkommen sind oft besonders kompliziert gelagert. Das Wissen zur Erschließung von Schieferöl ist in Russland nicht in ausreichendem Masse vorhanden, deshalb kooperieren hiesige Unternehmen mit der ausländischen Konkurrenz.

Quelle: Triebe, B.: Ein Schatz, so nah und doch so fern. Neue Zürcher Zeitung 12.7.2014

M 10   Quellentext zu Schieferölreserven in Russland

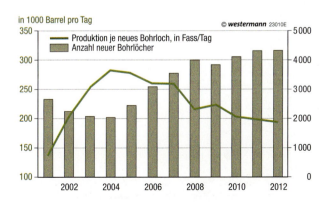

M 8   Produktivität der Erdölförderung in Westsibirien 2001–2012

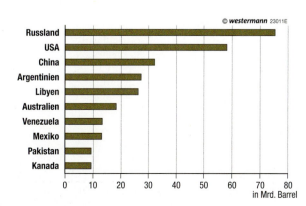

M 11   Schieferölreserven 2014

3.4 Ressource Erdgas – Abhängigkeiten zwischen Staaten

Die Energieversorgung vieler europäischer Staaten, die in den letzten Jahrzehnten verstärkt auf den Energieträger Erdgas gesetzt haben, ist von den russischen Erdgaslieferungen abhängig. Für Russland wiederum sind die Einnahmen aus dem Erdgasexport ein wichtiger gesamtwirtschaftlicher Faktor. Das Land kann momentan auf die Einnahmen kaum verzichten. Zudem benötigt die Erschließung neuer Rohstoffvorkommen durch den weltgrößten, russischen Erdgaskonzern Gazprom ein stabiles Finanzierungsumfeld. Welche Abhängigkeiten prägen heute und in Zukunft das Erdgasgeschäft in Europa und Russland?

1. Erdgas strömt mit einer durchschnittlichen Geschwindigkeit von 5 bis 10 m/s durch die Pipelines. Beschreiben Sie den Verlauf einer Erdgaslieferung von Bowanenko nach Deutschland und ermitteln Sie die Transportdauer (M 1).
2. Charakterisieren Sie die Erdgasversorgung Europas (M 1, M 6).
3. Beschreiben Sie die Bedeutung des Gazprom-Konzerns für Russland sowie die Importländer (M 4, M 6).
4. Erläutern Sie die ökonomischen und politischen Folgen der Abhängigkeit der europäischen Staaten von russischem Erdgas.
Ⓩ 5. Bilden Sie in Ihrem Kurs Arbeitsgruppen. Beurteilen Sie die Vertragsunterzeichnung russischer Erdgaslieferungen nach China aus Sicht Russlands, Chinas und Deutschlands (M 5).
6. Vergleichen Sie die Erdgasressourcen der GUS-Staaten (M 7).
7. Beurteilen Sie, inwieweit Erdgas aus den zentralasiatischen GUS-Staaten die Abhängigkeit der EU-Energieversorgung verringern kann (M 8, M 9).

M 2 Bau einer unterirdischen Erdgas-Pipeline

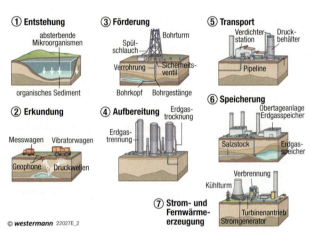

© *westermann* 22027E_2

M 3 Erdgas von der Lagerstätte zum Verbraucher

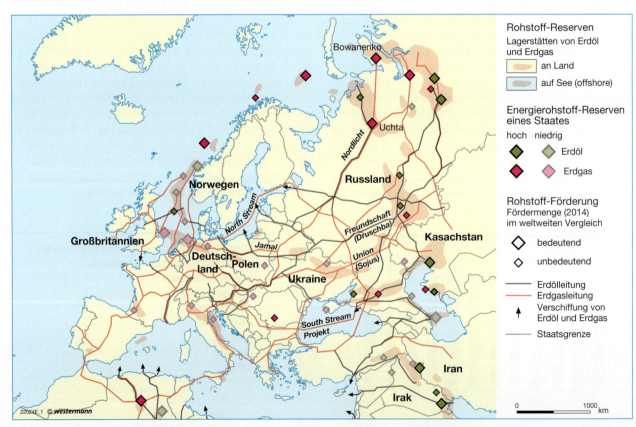

M 1 Europa: Energierohstoffe und Transportwege

Gazprom

Im Zuge der Wirtschaftsreformen wurden 1989 die Ministerien für die Ölindustrie, die Gasindustrie und für die Ölraffinierung zu einem Ministerium zusammengefasst. Gleichzeitig entwarf die Regierung den Plan, aus diesen den Ministerien unterstellten und gesteuerten Großunternehmen zwei Staatskonzerne für die Ölindustrie bzw. für die Gasindustrie zu gründen. Während die Einrichtungen der sowjetischen Ölindustrie in mehrere Unternehmen aufgeteilt wurden, blieben Produktion, Transport und Export des russischen Erdgases in einem einzigen Unternehmen konzentriert: der im Februar 1993 gegründeten GAZPROM (russische Abkürzung für Gasindustrie).

Unternehmenssitz	Moskau
Mitarbeiter	459 000
Umsatz	356 Mrd. US-$
Anteil an russischer Erdgasproduktion	72,9 %
Anteil an russischen Erdgasreserven	72,3 %
Anteil an weltweiter Erdgasproduktion	13,5 %
Anteil an weltweiten Erdgasreserven	16,6 %
Erdgasproduktion	487,4 Mrd. m³
Pipelines	168 900 km

M 4   Portrait Gazprom (Daten 2013)

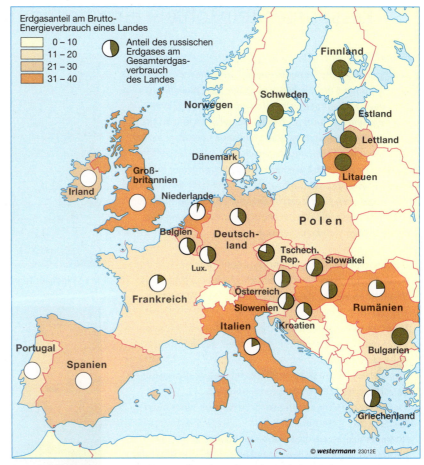

M 6   Anteil von Erdgas am Bruttoenergieverbrauch sowie russischen Erdgases am Bruttoerdgasverbrauch ausgewählter europäischer Länder 2012

Russland hat inmitten wachsender Spannungen mit der EU in Sibirien den Bau einer Gaspipeline nach China begonnen. „Wir starten das größte Bauprojekt der Welt", sagte der russische Präsident Wladimir Putin am (...) im sibirischen Us Chatyn in der Teilrepublik Jakutien. Es handele sich um ein extrem wichtiges Projekt für Russland und China, sagte Putin. An dem offiziellen Baustart der Pipeline des Energieriesen Gazprom nahm auch Chinas Vize-Premier Zhang Gaoli teil. Zhang sagte (...), dass China im ersten Halbjahr 2015 mit dem Bau der Leitung auf seinem Gebiet beginne. Die Baukosten liegen Schätzungen zufolge bei mehr als 50 Milliarden Euro. Die Pipeline mit dem Namen Sila Sibiri (Deutsch: Kraft Sibiriens) soll allein auf russischem Gebiet 4000 Kilometer lang sein. Russland und China hatten im Mai nach zehnjährigen Verhandlungen einen Gasvertrag für 30 Jahre geschlossen. Ab 2018 will Russland jährlich 38 Milliarden Kubikmeter Gas nach China pumpen. Die Leitung solle auch zu einer besseren Energieversorgung des Fernen Ostens Russlands beitragen, sagte Putin. Russland will sich durch den Verkauf von Gas an China für den Fall rüsten, dass die EU künftig auf die Energielieferungen Moskaus verzichtet.
Quelle: Russland baut Gaspipeline nach China. dpa-Meldung 1.9.2014

Die USA forderten Europa auf, sich unabhängiger von russischem Gas zu machen. Die europäischen Länder sollten ihre Energiemärkte stärker miteinander verknüpfen, sagte US-Vizepräsident Joe Biden in Bukarest. „Wir müssen sicherstellen, dass Russland seine Energieressourcen nicht länger als eine Waffe gegen die Region einsetzt." Deshalb sei die Schaffung eines sicheren und verflochtenen Energiemarktes in Europa der nächste Schritt in der europäischen Integration.
Quelle: Russisches Gas für China. news.at 21.5.2014

M 5   Quellentexte zur Lieferung von russischem Erdgas nach China

	Reserven	Ressourcen	Produktion
Russland	47 804 (24,1 %)	152 050 (23,8 %)	627,6 (18,8 %)
Aserbaidschan	991 (0,5 %)	2 000 (0,3 %)	16,7 (0,5 %)
Kasachstan	1 939 (1,0 %)	3 400 (0,5 %)	32,1 (0,9 %)
Turkmenistan	9 967 (5,0 %)	15 000 (2,3 %)	62,3 (1,8 %)
Usbekistan	1 635 (0,7 %)	1 500 (0,2 %)	58,7 (1,7 %)

M 7   Reserven, Ressourcen und Förderung von Erdgas 2013 (in Mrd. m³; in Klammern Weltanteil)

- TANAP: Abkürzung für Trans Anatolian Natural Gas Pipeline
- Anschluss des Schah-Denis-Erdgasfeld in Aserbaidschan an den europäischen Markt
- Länge der Pipeline: etwa 2000 km; davon 19 km unter Wasser, um die Dardanellen zu durchqueren
- Materialverbrauch: 390 000 t Stahlrohre mit einem Durchmesser zwischen 1200 und 1400 mm
- Geplante Inbetriebnahme: 2018
- Kapazität: 16 Mrd. m³ Erdgas pro Jahr, davon 6 Mrd. m³ für die Türkei und 10 Mrd. m³ für andere europäische Staaten
- Langfristig sind 60 Mrd. m³ pro Jahr geplant

M 8   TANAP-Pipeline-Projekt

„Es freut mich zu sehen, dass mit der Ratifizierung des TANAP-Abkommens ein entscheidender Schritt hin zur Realisierung des Südlichen Korridors gemacht worden ist. Damit haben Aserbaidschan und die Türkei die Schaffung einer Infrastruktur für den Transport von aserbaidschanischem Erdgas in die EU möglich gemacht."

Günther Oettinger, *EU-Energiekommissar (2013)*

M 9   Zitat zur Ratifizierung des TANAP-Gaspipeline-Abkommens

3.5   Ressource Steinkohle – ein nachhaltiger Energierohstoff?

Ohne Kohle als leicht gewinnbarem Energierohstoff wäre die industrielle Revolution im 19. Jahrhundert nicht möglich gewesen. Aber auch heute noch liefert Kohle gut 29 Prozent der weltweiten Primärenergie (Strom- und Wärmeerzeugung) und ist damit nach Erdöl der zweitwichtigste Energierohstoff. Neben der Stromgewinnung wird Steinkohle nach ihrer Verkokung auch zur Reduktion von Erzen, hauptsächlich Eisenerz, in Hochöfen verwendet. Der Bedarf an Kohle nahm gerade in den vergangenen Jahren insbesondere im asiatischen Raum rasant zu. Welche Rolle spielen die russischen Steinkohlenvorkommen für die eigene Energie- und Stahlproduktion sowie im internationalen Handel? Wie nachhaltig ist die Förderung und Vermarktung der russischen Steinkohlenproduktion?

1. Beschreiben Sie die Lage der russischen Kohlenreviere und daraus resultierende wirtschaftliche Probleme (M 1, M 9).
2. Vergleichen Sie die Steinkohlenförderung im Tage- bzw. Tiefbau (M 3, M 4).
3. Ein etwa 13 m langer Güterwagen kann rund 150 t Steinkohle laden. Entwickeln Sie eine Modell, das den Transportaufwand darstellt.
4. Analysieren Sie die gegenwärtige und die zukünftige Rolle der russischen Steinkohlenproduktion (M2, M5, M6).
5. Stellen Sie die Verwendung der Steinkohle in einer Mind-Map dar (M 5, Internet).
6. Charakterisieren Sie die Kohlenregion Westsibirien (M 7).
7. Beurteilen Sie die russische Steinkohlenindustrie unter dem Aspekt der Nachhaltigkeit.

M 3   Tagebau: Tugnui-Mine in Burjatien

M 4   Kohlenförderung im Tiefbau in Russland

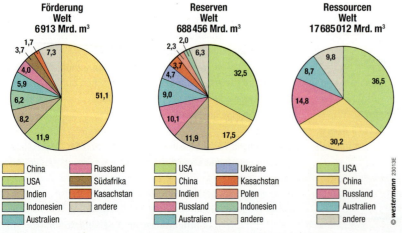

M 1   Kohlenvorkommen in Russland

Kohlenrevier	Förderung (in Mio.t)	Nutzung	Anteil
Kusnezk	219,2	Stromerzeugung	33 %
Ostsibirien	53,1	Koksproduktion (Stahlgewinnung)	13 %
Kansk-Atschinsk	44,9		
Fernost	35,7	Heizung für die Bevölkerung	8 %
Petschora	15,7		
Juschno-Jakutsk	13,4	Industrie	7 %
Donez	6,2	Export	39 %
Andere	0,5		

M 5   Russlands Kohlenförderung nach Steinkohlenrevier und Nutzung der russischen Steinkohle 2013

Förderung Welt 6913 Mrd. m³
1,7 · 3,7 · 7,3 · 4,0 · 5,9 · 6,2 · 8,2 · 11,9 · 51,1

China · USA · Indien · Indonesien · Australien · Russland · Südafrika · Kasachstan · andere

Reserven Welt 688 456 Mrd. m³
2,3 · 2,0 · 3,7 · 4,7 · 6,3 · 9,0 · 10,1 · 11,9 · 17,5 · 32,5

USA · China · Indien · Russland · Australien · Ukraine · Kasachstan · Polen · Indonesien · andere

Ressourcen Welt 17 685 012 Mrd. m³
9,8 · 8,7 · 14,8 · 30,2 · 36,5

USA · China · Russland · Australien · andere

M 2   Weltweite Förderung, Reserven und Ressourcen von Steinkohle 2013

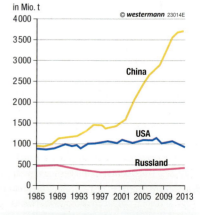

in Mio. t

China
USA
Russland

1985 1989 1993 1997 2001 2005 2009 2013

M 6   Steinkohlenförderung in den Top-3-Förderländern 1985–2013

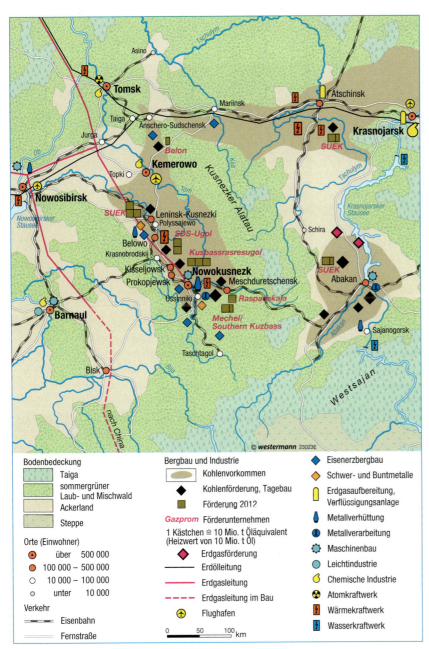

M 7 **Kohleregion Westsibirien**

Kusnezk-Becken

56 Prozent der russischen Kohle wird im Kusnezk-Becken gefördert. Seine Fläche entspricht einem Drittel der Bundesrepublik Deutschland. Der Name Kusnezk (russ. „Schmied") geht auf die Erzvorkommen im Schorischen Bergland zurück. Schon 1721 entdeckte man in der Nähe der Stadt Kemerowo Steinkohle. Aber erst zu Beginn des 20. Jahrhunderts, als das Kusnezk-Becken Anschluss an die Transsibirische Eisenbahn erhielt, begann sich die Erschließung und Förderung der Kohlenvorkommen zu lohnen. Ein Großteil der Kohle kann sogar im Tagebau und damit extrem kostengünstig abgebaut werden. Hochwertige Kokskohle liegt aber auch im Kusnezk-Becken nur in größeren Tiefen und muss über Schachtanlagen erschlossen werden.

„[Die Erschließung einer neuen Lagerstätte] *hängt im Großen und Ganzen von zwei Momenten ab. Erstens von der Dynamik des Kohlepreises und seiner Prognose auf dem Weltmarkt. (...) Der zweite Moment, der für die Erschließung neuer Lagerstätten in Russland sehr wichtig ist, ist der Anschluss an die Verkehrssysteme. Solange wir uns kein Bild davon machen können, wie sich das Eisenbahnnetz und die Straßenanschlüsse zu den Häfen entwickeln werden, ist es riskant neue Projekte anzufangen. Der Staat hat vor kurzem entschieden, erhebliche Mittel für die Entwicklung des Schienennetzes im Osten aufzuwenden. Diese Pläne orientieren sich zum Teil an den beantragten Transportwegen für Kohle und andere Massengüter. So soll die Entwicklung der östlichen Regionen zusätzlich stimuliert werden."*
Sergev Tverdokhleb, *Manager bei SUEK (größtes russisches Kohlenförderunternehmen; 2013)*

M 9 **Zitat**

„Die jahrzehntelange Kohleförderung hat den Kuzbass zu einem ökologischen Notstandsgebiet gemacht. Besonders gravierend ist die Luftverschmutzung durch die im Kohlestaub enthaltenen Feinpartikel. Selbst der nicht besonders kritische, offizielle Bericht „State of the Environment in the Region Kemerovo in 2011" stellt fest, dass die Konzentration an Luftschadstoffen dort 2-3-mal so hoch ist wie im übrigen Russland; in einigen Regionen sogar 18 mal höher. Im gleichen Bericht wird die Verschmutzung von Trinkwasserquellen, besonders in der Nähe verlassener Tagebaue, als „sehr hoch" bis „extrem hoch" bezeichnet. (...) Die Tagebaue werden nach ihrer Ausbeutung in der Regel sich selbst überlassen; übrig bleiben ökologische Wüsten. In Kemerovo gibt es laut der regionalen Umweltbehörde über 180 000 Hektar ehemalige Bergbauflächen. Nach offiziellen Plänen sollten zwar 5000 Hektar bis 2010 rekultiviert werden, geschehen ist dies aber lediglich auf 160 Hektar. (...) Die indigenen Völker dieser Region sind die Schoren und die Teleuten. Von Russlands 13 000 Schoren leben 11 000 in der Region Kemerovo. Für diese Völker, die traditionell von Viehzucht, Jagd und

Fischfang leben, ist die Kohleindustrie ein Fluch. Ihre letzten Siedlungen sind durch den Ausbau der Kohleförderung bedroht, so auch das Dorf Kazas, das von Tagebauen der Firma Mechel eingekreist wird. (...) Die Arbeitsbedingungen in Russlands Kohleminen sind berüchtigt. Besonders unter Tage ist die Unfallgefahr für die Bergarbeiter hoch, da es immer wieder zu Methan-Explosionen kommt. Durch solche Explosionen sterben jährlich teilweise mehr als 180 Minenarbeiter. Trauriger Spitzenreiter in der Unfallstatistik ist die Region Kemerovo. Seit 2010 fanden sieben von acht schweren Minenunfällen hier statt. Erst im Januar 2013 starben bei einer Methanexplosion acht Menschen in einer von SUEK betriebenen Mine. Auch bei Berufskrankheiten ist die Region Kemorovo Spitzenreiter: sie treten dort neunmal häufiger auf als im übrigen Russland. Seit Jahren moniert das Moskauer Institut für Arbeitssicherheit, dass viel zu wenig in die Sicherheit der Kohleminen investiert werde."
Quelle: Ganswindt, K., Rötters, S. Schücking, H.: Bitter Coal. Urgewald/FIAN 4/2013
Urgewald ist eine deutsche Umweltschutz-NGO, FIAN eine Menschenrechts-NGO

M 8 **Quellentext zu ökologischen Problemen im Kuzbass (Kusnezk-Becken)**

3.6 Norilsk – Bergbaustadt am Polarkreis

Palladium wird aufgrund seiner Eigenschaften in Abgaskatalysatoren eingesetzt und ist heute wegen seines relativ niedrigen Preises in der Automobilindustrie begehrt. Eines der wichtigsten Vorkommen dieses Edelmetalls der Platingruppe befinden sich im hohen Norden Sibiriens: 40 Prozent der weltweiten Palladiumproduktion kommt aus den Gruben um die russische Stadt Norilsk. 1935 ließ Stalin in dieser abgelegenen, jedoch mit riesigen Erzlagerstätten ausgestatteten Region den Gulag „Norillag" errichten. Strafgefangene erbauten unter extremen natürlichen Bedingungen die Siedlung Norilsk und erste Betriebe. Erst 1953 wurde das Lager aufgelöst. Von Beginn an war das Bergbau- und Metallurgiekombinat das Herz der Stadt. 1994 wurde es privatisiert und in die Aktiengesellschaft Norilski Nickel umgewandelt. Sie besitzt heute wieder Weltbedeutung. Ist eine nachhaltige Entwicklung in dieser unwirtlichen und schmutzigen Region überhaupt möglich?

1. Beschreiben Sie die Lage der Stadt Norilsk (Atlas).
2. Fassen Sie die Probleme für das Leben der Menschen sowie für wirtschaftliche Aktivitäten zusammen, die sich aus den naturräumlichen Gegebenheiten ergeben (M 1, M 5).
3. Erklären Sie die Bevölkerungsentwicklung und Altersstruktur von Norilsk (M 3, M 6).
4. Erläutern Sie die Umweltbelastungen in Norilsk.
5. Beurteilen Sie unter Verwendung des Modells des Nachhaltigkeitsdreiecks (M 4, S. 53) den Standort Norilsk.
(Z) 6. Nehmen Sie Stellung zu den Bemühungen, Norilsk als Arbeitsort attraktiv zu machen.

Die zehn schmutzigsten Orte der Welt (2013)

- Agbogbloshie, Ghana
- Tschernobyl, Ukraine
- Citarum-Delta, Indonesien
- Dserschinsk, Russland
- Hazaribagh, Bangladesch
- Kabwe, Sambia
- Kalimantan, Indonesien
- Matanza-Riachuelo, Argentinien
- Niger-Delta, Nigeria
- Norilsk, Russland

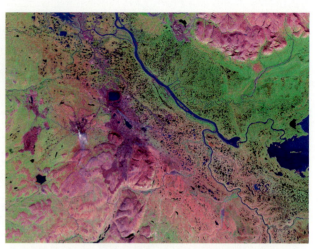

M 4 Falschfarbenbild von Norilsk und Umgebung
Rosa und lila: vegetationslose Flächen wie Fels, städtische Bebauung oder Bergwerke und Halden, aber auch Flächen mit Umweltschädigungen; hellgrün: gesunde Tundra/borealer Wald; blauweiß: Rauch- und Dampffahnen aus Schornsteinen der Industrie; blau: Wasserflächen; blassrosa: moderat bis stark geschädigte Ökosysteme.

- Zweitgrößte Stadt der Welt nördlich des Polarkreises (während der Polarnacht 45 Tage im Jahr völlige Dunkelheit)
- Bis zu 90 Tage Schneestürme mit Windgeschwindigkeiten bis 150 km/h, von den Einheimischen „tschornaja purga" – „schwarzer Schneesturm" genannt
- Schnee: 7–9 Monate im Jahr, Extremtemperaturen bis -60°C
- Unter den Bedingungen des Dauerfrostbodens enorm hohe Kosten für Bau/Unterhaltung der Gebäude, infrastrukturelle Einrichtungen wie die Wasser- und Wärmeversorgung
- Norilsk-Nickel ist verantwortlich für die Versorgung der Stadt.
- Seit 2001 geschlossene Stadt (Anreise von Ausländern nur mit einer Sondergenehmigung)

M 5 Informationen zu Norilsk

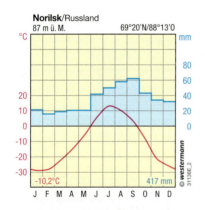

M 1 Klimadiagramm Norilsk

Norilsk/Russland
87 m ü. M.   69°20'N/88°13'O
-10,2°C   417 mm

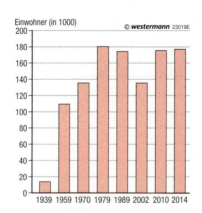

M 3 Bevölkerungsentwicklung Norilsk

Einwohner (in 1000)
© westermann 23019E
1939 1959 1970 1979 1989 2002 2010 2014

M 6 Alterstruktur Norilsk

Alter
Männer   Frauen
2500 1500 500 Einwohner 500 1500 2500
© westermann 23024E

	Produktion			Reserven	Ressourcen	Verwendung
	Menge	Weltanteil	Rang			
Nickel	270000 t	11 %	3	8,1 Mio. t	18,5 Mio. t	Stahlveredelung
Palladium	75,4 t	41 %	1	2755 t	5494 t	Kfz-Katalysatoren
Rhodium	k.A.	12 %	4	k.A.	k.A.	Katalysatoren
Platin	18,5 t	11 %	4	737 t	51542 t	Schmuck
Kupfer	371000 t	2 %	11	12,8 Mio. t	24,6 Mio. t	Stromkabel
Kobalt	k.A.	5 %	4	k.A.	k.A.	Stahlveredelung

M 2 Förderung, Reserven und Ressourcen von mineralischen Rohstoffen in Norilsk 2013

	1992	2000	2010
Russland ges.	28 200	18 800	19 100
Norilsk	2 208	2 149	1 923
Nowokusnezk	319	544	301
Angarsk	318	132	207
Omsk	400	198	198
Krasnojarsk	204	146	149

M 7 Emissionen von Luftschadstoffen aus stationären Quellen (in 1000 t)

M 8 Norilsk

Aufgrund der ungefilterten Hüttenemissionen gehörte die Stadt Norilsk lange Zeit zu den von Luftverschmutzung am stärksten betroffenen Städten der Welt. Neben der Luftverschmutzung mit Schwefeldioxid, die zu saurem Regen und Smog auch in beträchtlicher Entfernung zu dem Hüttenkomplex führt, wurden über lange Zeiträume auch schwermetallhaltige Feinstäube emittiert, die sich besonders in der Umgebung des Hüttenkomplexes absetzten. Die Emissionen von Industrieabwässern aus dem Bergbau-, Aufbereitungs- sowie Hüttenbetrieb führten ebenfalls zu einer starken Verschmutzung der Oberflächengewässer. Seit der Privatisierung des ehemaligen Staatsbetriebes Anfang der 1990er-Jahre versucht das Bergbauunternehmen Norilsk-Nickel, durch Investitionen in technologische Innovationen die Umweltbelastungen zu vermindern. Die Anpassung der Umweltsituation an die aktuell gültigen russischen Umweltstandards soll 2015 abgeschlossen sein.

Quelle: Deutsche Rohstoffagentur: Das mineralische Rohstoffpotenzial der russischen Arktis (2012)

Die Existenzbedingungen in Russlands nördlichster Stadt sind nichts für sensible Gemüter. Keiner käme des Lebens wegen hierher. Es ist immer die Arbeit. Früher war sie gut bezahlt. Bis heute ranken sich Mythen um das Einkommen und den Wohlstand jener, die sich für den Norden anwerben ließen. Früher stimmte das auch: Das Gehalt war viermal so hoch wie das von ArbeiterInnen in anderen Landesteilen, es gab drei Monate bezahlten Urlaub, Gratisaufenthalte in Kinderlagern und Sanatorien, Pension mit 45 und nach 15 bis 20 Jahren Arbeit eine Wohnung „auf dem Kontinent", wie alles westlich von Norilsk bezeichnet wird. Man wusste warum: Die Lebenserwartung der NorilskerInnen liegt auch heute noch zehn Jahre unter der auf dem „Kontinent". Die Umweltverschmutzung ist enorm, viele erkranken an Krebs. (...) Seit den 1970er-Jahren kommen viele, die dort schon Verwandte haben, zur Arbeit nach Norilsk. Die meisten nehmen sich vor, drei bis fünf Jahre zu bleiben, gutes Geld zu verdienen und dann zurückzukehren. Doch das Leben spielt häufig anders. (...) Die Privilegien von früher sind längst Geschichte. Heute ist das Leben in Norilsk kostspielig. Alle Nahrungsmittel müssen von weit her herangeschafft werden. Auch die Flugtickets sind inzwischen kein Schnäppchen mehr. Wer an den Hochöfen arbeitet, kann noch auf Vergünstigungen zählen, der Rest muss schauen, wo er bleibt.

Quelle: Haiden, C.: Brrr! Vom Leben in der gefrorenen Stadt. Welt der Frau 1/2015

M 9 Quellentexte zu den Umwelt- sowie den Lebens- und Arbeitsbedingungen in Norilsk

Ausgaben zur Verbesserung der sozialen Bedingungen (in Rubel pro Einwohner)

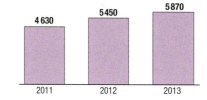

Anzahl von Sozialeinrichtngen, die von Norilsk-Nickel unterhalten werden

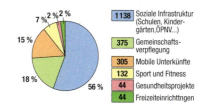

1138	Soziale Infrastruktur (Schulen, Kindergärten, ÖPNV...)
375	Gemeinschaftsverpflegung
305	Mobile Unterkünfte
132	Sport und Fitness
44	Gesundheitsprojekte
44	Freizeiteinrichttngen

Ausgaben und Investitionen in den Umweltschutz (in Mrd. Rubel)

laufende Ausgaben für den Umweltschutz

Ausgaben für die Umsetzung von Umweltschutzmaßnahmen

23050E © **westermann**

M 10 Aus dem Jahresbericht von Norilsk-Nickel 2013

3.7   Auf dem Weg zu einer nachhaltigen Forstwirtschaft?

Weniger als 500 Sibirische Tiger leben heute nur noch in den Wäldern im Fernen Osten Russlands bzw. im angrenzenden Nordostchina. Nur durch intensive Schutzbemühungen konnte die auch als Amur-Tiger bekannte Großkatze vor dem Aussterben bewahrt werden, denn es gab in den 1940er-Jahren nur noch etwa 30 Tiere in freier Wildbahn. Mittlerweile konnte die Weltnaturschutzunion IUCN den Gefährdungsgrad „vom Aussterben bedroht" auf „stark gefährdet" herabstufen. Doch der gegenwärtig stark wachsende Nutzungsdruck auf bislang noch unberührte Urwälder kann diesen Erfolg wieder zunichtemachen und bedroht nicht nur den Amur-Tiger, sondern auch andere Arten und Naturräume. Die russische Forstwirtschaft spielt bei der nachhaltigen Nutzung der Taiga eine wichtige Rolle.

1. Beschreiben und erklären Sie die Bewaldung in Sibirien (M 3, Atlas).
2. Charakterisieren Sie die globale Bedeutung der russischen Forstwirtschaft (M 1, M 5).
3. Analysieren Sie den Wandel der russischen Forstwirtschaft (M 6, M 7).
4. Analysieren Sie Probleme und Herausforderungen der russischen Forstwirtschaft.
5. Erläutern Sie die Bedeutung des FSC-Siegels für eine nachhaltige Forstwirtschaft (M 7 – M 12).
6. Die Rettung des Amurtigers ist eine internationale Aufgabe. Nehmen Sie Stellung zu dieser Forderung.

M 4   **Sibirischer Tiger**

	Waldfläche (in Mio. ha)	Waldfläche (in % der Landfläche)	gesamter Holzvorrat (in Mio. m³)	jährl. Holzverarbeitung (in Mio. m³)
Russland	780	49,4 %	82 000	176
Brasilien	480	56,1 %	81 000	290
Kanada	310	31,6 %	33 000	223
USA	300	30,8 %	35 000	541
China	180	18,2 %	13 000	135

M 5   **Waldflächen und Forstwirtschaft 2012**

	Produktion	Export	
Industrie-Rundholz	180 Mio. m³	19,0 Mio. m³	1,6 Mrd. US-$
Papier und Pappe	7,5 Mio. t	2,6 Mio. t	1,8 Mrd. US-$
Spanplatten	2,3 Mio. m³	0,4 Mio. m³	161 Mio. US-$
Zellulose	7,6 Mio. t	1,9 Mio. t	1,0 Mrd. US-$
Schnittholz	33 Mio. m³	21,3 Mio. m³	3,7 Mrd. US-$

M 1   **Ausgewählte Forstprodukte Russlands 2013**

Jahr	Holzeinschlag (in Mio. m³)	Jahr	Holzeinschlag (in Mio. m³)
1950	237	1990	304
1960	336	2000	168
1970	354	2010	174
1980	328	2013	180

M 6   **Holzeinschlag Russland (gesamt) 1950 – 2013**

	Schnittholz	Sperrholz	Spanplatten	Faserplatten
Bauholz	61,7	31,6	3,5	24,0
Gebäudebau	6,0	26,4	3,9	34,4
Möbelindustrie	10,5	15,0	90,0	29,7
Verpackungen	5,6	2,6	0,9	2,2
Schienenbau	14,5	11,6	0,2	1,2
Anderes	1,7	12,8	1,5	8,5

M 2   **Inlandsverbrauch von Holzprodukten in Russland 2010 (in %)**

Wald in der Taiga

Die Taiga (jakutisch: Wald) ist der sibirische Teil der auf der nördlichen Hemisphäre weltumspannenden borealen Nadelwaldzone. Vier Nadelholzgattungen bestimmen das Aussehen dieses riesigen Waldgebietes: Fichte, Kiefer, Tanne und Lärche, wobei häufig über Tausende Quadratkilometer nur eine Baumart vorherrscht. Die Lärche dringt nördlicher als jede andere Baumart der Erde vor. Im extrem kalten kontinentalen Sibirien wachsen nur noch Lärchen. Durch ihren lichten Charakter wird dieser Wald, im Gegensatz zur dunklen Fichtentaiga im westlichen Sibirien, als helle Taiga bezeichnet. Nadelbäume sind den großen jährlichen Temperaturunterschieden, langen Wintern und Permafrost am besten angepasst. Es kommen aber auch Laubbäume vor. Sie sind häufig Pionierpflanzen nach Waldbränden. Aufgrund der kurzen Vegetationsperiode ist der jährliche Holzzuwachs sehr gering.

Tree cover density (%)

0   10   100

M 3   **Russland: Bewaldungsgrad**

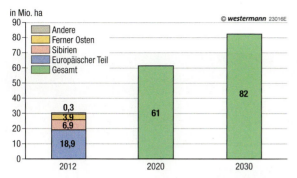

M 7 FSC-zertifizierte Forstfläche in Russland (2020, 2030 Prognosen)

M 10 Werbeplakat des Forstministeriums zum Tag der Waldarbeit

Einhaltung der nationalen Forstgesetze und internationalen Verträge/Abkommen sowie der FSC-Prinzipien

Langfristige Besitzansprüche und Nutzungsrechte an Land- und Forstressourcen sollen klar definiert, dokumentiert und rechtlich verankert sein.

Wahrung der Rechte indigener Völker

Die Waldbewirtschaftung soll das soziale und ökonomische Wohlergehen der im Wald Beschäftigten und der lokalen Bevölkerung langfristig erhalten oder vergrößern.

Ökonomische effiziente Nutzung möglichst vielfältiger Produkte und Leistungen aus dem Wald

Gewährleistung von Biodiversität, Schutzfunktionen des Waldes und Landschaftsschutz

Erstellung, Umsetzung und Aktualisierung eines Bewirtschaftungsplanes (langfristige Bewirtschaftungsziele und die Mittel zu deren Verwirklichung)

Kontrolle durch angemessene Dokumentation und Bewertung der Nachhaltigkeit

Erhaltung von Wäldern mit hohem Schutzwert

Plantagen können als Ergänzung zu naturnaheren Bewirtschaftungsformen soziale und ökonomische Vorteile liefern und den Druck auf sogenannte „Naturwälder" mindern.

M 11 Prinzipien nachhaltiger Forstwirtschaft

Seit den frühen 1990er-Jahren hat sich die russische Forstwirtschaft einem tiefgreifenden Wandel unterzogen. Durch die Anstrengungen von zivilgesellschaftlichen Organisationen (NGOs) konnte die Zertifizierung des Forest Stewardship Council (FSC) in Russland etabliert werden. (…) Bezogen auf den Umfang der mit FSC-Zertifikaten bewirtschafteten Waldfläche liegt Russland nach Kanada weltweit auf dem zweiten Platz. Von den zehn großen russischen Holdings in der Forst- und Holzwirtschaft sind neun zertifiziert. (…) Dabei variiert die Beteiligung an der FSC-Zertifizierung zwischen den Regionen des Landes. Sie ist im europäischen Teil am größten, insbesondere wegen der Bedeutung der Zertifikate für den Zugang zum europäischen Markt, boomt derzeit in Sibirien und hat erst kürzlich im Fernen Osten begonnen. Eine hohe Nachfrage der asiatischen Märkte nach nicht-zertifiziertem Holz, besonders in China, genauso wie korrupte russische und chinesische Netzwerke und illegale Abholzungen haben einen schnellen Ausbau der Zertifizierung im Fernen Osten Russlands behindert.

Die Zertifizierung wird von nicht-staatlichen Akteuren, d. h. umweltbewussten Unternehmen und NGOs, vorangetrieben. (…) In Russland gibt es Widersprüchlichkeiten zwischen der Gesetzgebung und den Forderungen des FSC. (…)1995 ratifizierte Russland die Biodiversitäts-Konvention, deren Regelung konform mit dem FSC-Standard ist. Artikel 1 des russischen Gesetzes von 2006 erklärt die Konvention für verbindlich. Allerdings hat der russische Staat keine angemessenen Regelungen ausgearbeitet, die die Umsetzung gewährleisten würden. (…) Ein anderes Beispiel ist, dass die russische Gesetzgebung vorsieht, Urwälder nur zu bewahren, wenn sie zur ersten Waldkategorie gehören (Wälder, die nahe an Wasserstraßen liegen, wertvolle Arten enthalten oder sich in besonders geschützten Gebieten befinden). Wenn Forstunternehmen Gebiete für die kommerzielle Forstwirtschaft pachten, enthalten diese Gebiete meist Urwälder, die eine relative große, intakte Waldlandschaft bilden, insbesondere in Archangelsk, Komi, Karelien, Sibirien und im Fernen Osten Russlands. Laut der FSC-Zertifizierung gehören diese Urwaldlandschaften zu Wäldern mit hohem Schutzwert und müssen erhalten werden.

Quelle: Tysiachniouk, M.: Die FSC-Wald-Zertifizierung in Russland: Das Zusammenspiel von staatlichen und nicht-staatlichen Akteuren. 19.6.2012

M 8 Quellentext zur FSC-Zertifizierung in Russland

Die Förderung einer umweltfreundlichen, sozialförderlichen und ökonomisch tragfähigen Bewirtschaftung von Wäldern – das ist die Mission des Forest Stewardship Council (FSC). Die unabhängige, gemeinnützige Nicht-Regierungsorganisation wurde 1993 als ein Ergebnis der Konferenz „Umwelt und Entwicklung" in Rio de Janeiro gegründet. Heute ist der FSC in über 80 Ländern mit nationalen Arbeitsgruppen vertreten. Das FSC-Label auf einem Holz- oder Papierprodukt ist ein eindeutiger Indikator dafür, dass das Produkt aus verantwortungsvoller Waldwirtschaft stammt – Produkte mit FSC-Label sichern die Nutzung der Wälder gemäß den sozialen, ökonomischen und ökologischen Bedürfnissen heutiger und zukünftiger Generationen. Außerdem sichert das Label, dass das Produkt auf seinem Weg zum Konsumenten über die gesamte Verarbeitungs- und Handelskette nicht mit nicht-zertifiziertem, d.h. nicht-kontrolliertem, Holz oder Papier vermischt wurde.

Quelle: Forest Stewardship Council www.fsc-deutschland.de

M 12 Selbstdarstellung von FSC Deutschland

„Es ist schockierend, dass es offenbar in den russischen Behörden, auf entscheidender Hierarchieebene, ein derartiges Ausmaß an Korruption und Bereicherung auf Kosten der Allgemeinheit und der Umwelt gibt. Mit der weltweit steigenden Nachfrage nach Rohstoffen wie Holz, Erzen und anderen Mineralien erhöht sich der Druck auf die ressourcenreiche Amur-Region. Es ist daher enorm wichtig, dass sich die Behörden schützend vor die Naturschätze ihres Landes stellen und nicht dabei helfen, diese illegal auszubeuten."

Frank Mörschel, *WWF-Referent für die Amur-Region (2011)*

M 9 Zitate zum illegalen Holzeinschlag in der Amur-Region

„Illegal logging of valuable temperate hardwoods has reached crisis proportions in the Russian Far East. Comparative analysis conducted by WWF Russia shows that from the period 2004-2011 the volume of Mongolian oak (the most valuable hardwood species) logged for export to China exceeded authorized logging volumes by 2-4 times. Much of this illegal logging takes place in the habitats of the Amur tiger and leads to their degradation."

WWF-Studie „Illegal logging in the Russian Far East" (2013)

3.8   Nachhaltige Energiegewinnung aus Wasserkraft

*Der Durchmesser eines der sechs neuen Laufräder für das Bratsker Wasser-
kraftwerk in Ostsibirien beträgt 5,6 Meter. Es wurde vom größten privaten
russischen Energieversorger bei einem deutschen Wasserkraftwerksausrüs-
ter bestellt. Den Transport des mehr als 70 Tonnen schweren Turbinenteils
zu dem mehr als 7000 km entfernten Zielort konnte nur das größte Trans-
portflugzeug der Welt, eine Antonov AN124-100, bewältigen. Die Betreiber
der russischen Wasserkraftwerke haben ein gigantisches Investitionsprogramm aufgelegt, um die vorhandenen Wasserkraftwerke zu modernisieren, aber auch für den Neubau auf dem gesamten Gebiet Russlands*

1. a) Beschreiben Sie die Bedeutung der Stromgewinnung aus
   Wasserkraftwerken (M 2).
   b) Analysieren Sie die natürlichen Potenziale für die Wasserkraftnutzung in Russland (M 1, M 3).
   c) „Russland nutzt das Potenzial, das Wasserkraft für das
   Land bietet, nicht genügend." Erörtern Sie diese These.
2. Erklären Sie die Funktionsweise eines Laufwasserkraft-
   werks (M 5).
3. a) „Der Bau von Wasserkraftwerken war ein wesentlicher
   Entwicklungsimpuls für die Besiedlung und Industrialisierung in Sibirien." Erläutern Sie diese Aussage anhand
   der Region Bratsk/Ust-Ilimsk (M7, M9, Atlas).
   b) Beurteilen Sie die Nachhaltigkeit des Wasserkraftwerks
   Bratsk.
   ⓩ c) Untersuchen Sie die Region mit Google-Earth und stellen
   Sie Ihre Ergebnisse in einer kurzen Präsentation vor.
4. Nehmen Sie unter dem Aspekt der Nachhaltigkeit Stellung
   zu den geplanten Entwicklungen der Wasserkraftnutzung
   (M 9 – M 11).

M 4   Transport des Laufrads für das Wasserkraftwerk in Bratsk

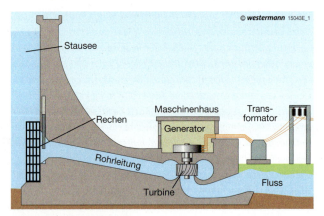

M 5   Laufwasserkraftwerk

Fluss	Länge (in km)	Einzugsgebiet (in km²)	mittlere Abfluss-menge (in m³/s)
Wolga	3688	1 400 000	8 060
Lena	4400	2 490 000	17 100
Irtysch	4248	1 643 000	2 960
Ob	3650	2 867 000	12 500
Jenissej	3487	2 580 000	19 600
Amur	2824	1 855 000	11 400
Angara	1779	740 000	4 520

M 1   Flüsse Russlands

	MW	Fertigstellung
Sajano-Schuschenskoje (Jenissej)	6 400	1978
Krasnojarsk (Jenissej)	6 000	1967
Bratsk (Angara)	4 500	1966
Ust-Ilimsk (Angara)	4 320	1977
Bogutschany (Angara)	4 000	2012
Wolgograd (Wolga)	2 541	1960
Turuchansk (Tunguska)	12 000	in Planung

M 6   Russische Wasserkraftwerke (Auswahl)

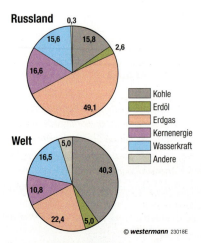

M 2   Stromerzeugung 2014

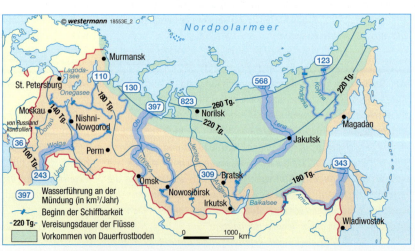

M 3   Wasserführung und Vereisung russischer Flüsse

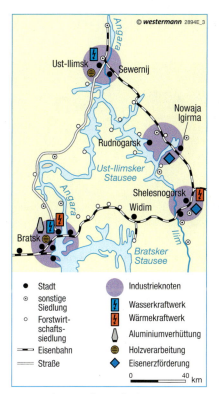

M7 Region Bratsk-Ust-Ilinsk

In einem Staat mit riesigen Reserven von Erdöl und Gas [stößt] der Ausbau der alternativen Energiegewinnung auf ernsthaften Widerstand aus Politik, Wirtschaft und sogar Wissenschaft. Nur in einem Punkt sind sich Fachleute und Politik einig: Alternative Formen der Energieerzeugung machen in den abgelegenen und strukturschwachen Regionen Sibiriens und des Fernen Ostens absolut Sinn. (...) In weiten Teilen Sibiriens und des Fernen Ostens, insbesondere im Norden, bestehen keine Übertragungsnetze. Die Stromversorgung erfolgt dort autonom.
Quelle: GTAI: In Russland ist keine Energiewende in Sicht. 9.5.2014

Während RusHydro die großen Wasserkraftwerke baut und betreibt, ist die SAO Nord Hydro auf kleine Wasserkraftanlagen bis 25 MW spezialisiert. Nord Hydro hat mit den russischen Regionen Nowgorod, Pskow, Lipezk, Wologda, Karelien, Archangelsk, Komi, Krasnojarsk und Tywa vereinbart, gemeinsam kleine Wasserkraftanlagen zu rekonstruieren und neue zu bauen. In entlegenen, schwer zugänglichen Landkreisen ohne Anschluss ans Stromnetz sollen dadurch die Diesel-Generatoren überflüssig werden. (...) Bis zum Jahr 2020/25 sieht der Plan des Energieministeriums vor, rund 100 kleine Wasserkraftwerke mit insgesamt 2 GW Stromerzeugungskapazität ans Netz zu bringen.
Quelle: Hones, B., Wolf, E.: Russland investiert Milliarden in neue Kraftwerke. www.gtai.de 22.3.2013

M8 Quellentexte zur Zukunft der Wasserkraft in Russland

Das Bratsker Wasserkraftwerk war das erste Großprojekt in Sibirien, das in der Erschließungsphase der Nachkriegszeit erbaut wurde. Als Fluss hatten die sowjetischen Planer die Angara wegen ihrer ausgeglichenen Wasserführung gewählt, zum Standort machten sie die Paduner Enge, in der die sonst in einem breiten Tal fließende Angara in einem engen Durchbruch einen Diabasriegel durchschneidet. Nach dreijährigen Rodungen und anderen Vorarbeiten wurde im Frühjahr 1957 unter dem Einsatz von 17 000 Arbeitskräften mit dem Bau begonnen. 1961 lieferte das Kraftwerk den ersten Strom, 1966 konnte das Stauwerk mit seiner Länge von 1430 Metern und seiner Höhe von 125 Metern fertig gestellt werden. Mit einer Jahresleistung von 22,6 Mrd. Kilowattstunden wurde es das größte Wasserkraftwerk der Welt. Noch heute produziert es mit umgerechnet weniger als einem Cent für zehn Kilowattstunden den billigsten Strom der Welt. Aufgrund seiner Leistungskapazitäten wurde es zum Zentrum eines „Industrieknotens". Die Stauseefläche misst 5450 km². Vor der Füllung des Sees mussten 40 Mio. Kubikmeter Holz eingeschlagen und 264 Siedlungen mit insgesamt 114 000 Einwohnern verlegt werden.
Wein, N.: Bratsk - sozialistische Planstadt (2008)

M9 Quellentext zum Bratsker Wasserkraftwerk

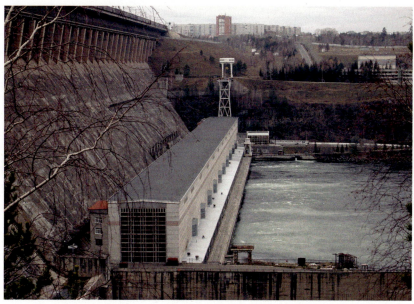

M10 Wasserkraftwerk Bratsk

Investitionen nach Sektoren	2012	2013	2014	2015	2016	2012 bis 2016
insgesamt	83,3	75,1	53,7	59,5	51,9	323,6
Modernisierung	22,1	26,3	30,8	42,0	40,6	161,8
Wiederaufbau	8,3	4,4	1,1	0,0	0,0	13,8
Neubau	48,9	43,3	21,4	15,9	9,8	139,3
Sonstiges	4,0	1,2	0,3	1,6	1,5	8,7

M11 Investitionsprogramm von RusHydro

Vorteile	Nachteile
• Wichtige erneuerbare Energiequelle, die in humiden aber auch semiariden Regionen der Erde nutzbar ist. • Wasserkraft nimmt bei der globalen Stromerzeugung nach Kohle und Öl/Gas den dritten Platz ein und leistet damit einen bedeutsamen Beitrag zur CO_2-Emissionsreduzierung. • Besitzt mit bis zu 90% einen sehr hoher Wirkungsgrad (zum Vergleich: Solarstromerzeugung max. 40%). • Sehr langlebige und vergleichsweise einfache Technik. • Energieüberschüsse können gespeichert werden.	• Aufstau eines Gewässers stellt einen massiven Eingriff in das Ökosystem dar, z.B. werden Wanderfische durch die Staudämme behindert, die Tier- und Pflanzenwelt verändert sich, die Fließgeschwindigkeit der Flüsse im Unterlauf verringert sich deutlich, das Grundwasserregime wandelt sich. • Beim Bau von Wasserkraftwerken müssen Menschen umgesiedelt werden. • Stauseefläche steht für land- oder forstwirtschaftliche Nutzung nicht mehr zur Verfügung.

M12 Vor- und Nachteile von Großwasserkraftwerken

3.9   Ein See verschwindet – Katastrophe in Zentralasien

Neben den Reaktorkatastrophen von Tschernobyl und Fukushima wird das fast vollständige Austrocknen des Aralsees von der UNO als eine der größten durch den Menschen verursachten Katastrophen eingeordnet. Die Wasserfläche des abflusslosen Endsees im Tiefland von Turan schwankte zwar seit Ende der letzten Kaltzeit je nach der Niederschlagsmenge häufig. Das extrem rasante Absinken des Wasserspiegels ist jedoch nicht mit natürlichen Ursachen zu erklären. Was sind die Gründe für diese Entwicklung und wie sind die Perspektiven einzuschätzen, das ökologische Gleichgewicht in der Aralsee-Region wiederherzustellen?

1. **Der Aralsee – ein Binnensee**
   a) Beschreiben Sie die Lage und die natürlichen Bedingungen des Aralsees (M 3, M 5, Atlas).
   b) Erklären Sie den von Natur aus hohen Salzgehalt des Aralsees. Ⓩ
   c) Finden Sie passende Größenvergleiche zur Beschreibung des Aralsees (M 4). Ⓩ
2. **Der Aralsee – ein ausgetrockneter See**
   a) Vergleichen Sie die drei Satellitenbilder (M 6, M 9, M 13).
   b) Stellen Sie Ursachen und Folgen der Schrumpfung der Seefläche in einem Wirkungsschema dar. Nutzen Sie dazu die vorgegebenen Begriffe in M 10 (Atlas).
3. **Der Aralsee – ein See mit Zukunft?**
   Beurteilen Sie die Maßnahmen zur Rettung des Aralsees unter dem Aspekt der Nachhaltigkeit.

M 3   Schiffsfriedhof in der „Bucht" von Zhalanash, Kasachstan

M 4   Fläche des Aralsees 1960 – 2013

	Wasserbedarf		Wasserbedarf
Kartoffeln	255	Soja	1800
Mais	900	Reis	3400
Weizen	1300	Baumwolle	5700

M 1   Wasserbedarf von Nutzpflanzen (in l pro kg Trockengewicht)

	1960	2012
Einwohner	14,1 Mio.	60,4 Mio.
Bewässerungsland	4,5 Mio. ha	8 Mio. ha
Gesamtwasserentnahme	61 km³/Jahr	105 km³/Jahr
Gesamtabfluss in den Aralsee	55,0 km³/Jahr	10,6 km³/Jahr

M 5   Veränderungen in der Aralsee-Region

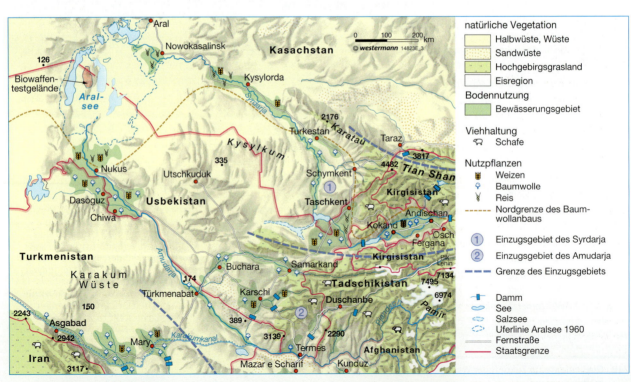

M 2   Zentralasien und der Aralsee

M 6 Aralsee August 1976

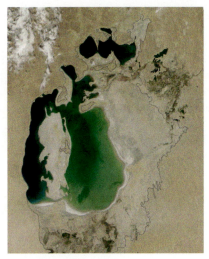

M 9 Aralsee August 2000

M 13 Aralsee August 2014

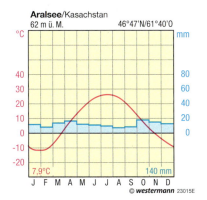

Aralsee/Kasachstan
62 m ü. M.   46°47'N/61°40'O

7,9°C   140 mm

© *westermann* 23015E

M 7 Klimadiagramm Aralsee

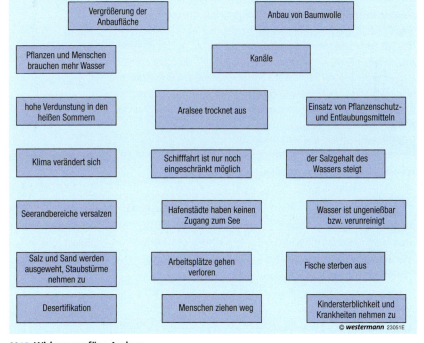

Vergrößerung der
Anbaufläche

Anbau von Baumwolle

Pflanzen und Menschen
brauchen mehr Wasser

Kanäle

hohe Verdunstung in den
heißen Sommern

Aralsee trocknet aus

Einsatz von Pflanzenschutz-
und Entlaubungsmitteln

Klima verändert sich

Schifffahrt ist nur noch
eingeschränkt möglich

der Salzgehalt des
Wassers steigt

Seerandbereiche versalzen

Hafenstädte haben keinen
Zugang zum See

Wasser ist ungenießbar
bzw. verunreinigt

Salz und Sand werden
ausgeweht, Staubstürme
nehmen zu

Arbeitsplätze gehen
verloren

Fische sterben aus

Desertifikation

Menschen ziehen weg

Kindersterblichkeit und
Krankheiten nehmen zu

© *westermann* 23051E

M 10 Wirkungsgefüge Aralsee

M 8 Kokaral-Staudamm
Mithilfe eines 2005 fertiggestellten, dreizehn Kilometer langen Staudamms, dessen Bau mit 85 Mio. $ unterstützt wurde, ist es Kasachstan gelungen, das Wasser des Syrdarya im nördlichen Aralsee zurückzuhalten. Seitdem stieg der Wasserspiegel wieder um einige Meter und der Salzgehalt verringerte sich. Der Fischfang konnte wiederbelebt werden. Um ein Gesamtkonzept zur Minderung der Folgen der Aralsee-Katastrophe ringen alle Anrainerstaaten sowie die UN.

„*Die Länder der Region haben keine ausreichenden finanziellen und logistischen Mittel, um die ökologischen, sozioökonomischen und humanitären Konsequenzen dieser Katastrophe in den Griff zu kriegen.*"
Islam Karimow, *usbekischer Präsident (2014)*

Nach übereinstimmender Meinung der Experten [müsste] *das Wasser der beiden Flüsse eigentlich für die gesamte Region ausreichen. Denn die Hälfte davon kommt erst gar nicht bei den Baumwollpflanzen an. Es verdunstet oder versickert, weil die Bewässerungskanäle leck sind. Usbekistan verbraucht den Löwenanteil des Wassers, kann es sich aber nicht leisten, das Leitungsnetz zu reparieren. In Usbekistan müsste weniger Baumwolle oder aber müssten andere, weniger durstige Pflanzenarten angebaut werden. Wie zu Sowjetzeiten ist Wasser in Turkmenistan noch immer für alle Bewohner kostenlos.*
Quelle: Und irgendwann ist der Aralsee weg. Neue Zürcher Zeitung 20.7.2003

M 11 Quellentext zum Aralsee

Pläne in der Vergangenheit	Aktuelle Projekte	Mögliche Maßnahmen
• Umleitung sibirischer Ströme nach Süden, • Auftauen des Eises im Pamir-Gebirge und Ableitung in den Aralsee, • Bau eines Kanals vom Kaspischen Meer zum Aralsee.	• Ersetzen alter, oft undichter Wasserleitungen, • Anpflanzen salztoleranter Pflanzen, • Neue Bewässerungstechniken (z.B. Tröpfchenbewässerung).	• Aufgabe des Baumwollanbaus, • Verwendung sparsamer Bewässerungstechniken, • Schaffung von Anreizen zum Wassersparen.

M 12 Rettungsmaßnahmen am Aralsee

3.10 Klausurtraining – Sachverhalte differenziert beurteilen

Kasachstan – nachhaltige Rohstoffwirtschaft?

1. Beschreiben Sie mit Hilfe des Atlas die Lage Kasachstans sowie die Ausstattung des Landes mit natürlichen Ressourcen (siehe auch M 6, S. 39).
2. Analysieren Sie den Außenhandel Kasachstans.
3. Erörtern Sie die Uranförderung Kasachstans unter dem Aspekt der Nachhaltigkeit.

Zusätzliches Material: Atlas „Nordasien Wirtschaft"

Die Weltausstellung Expo 2017 wird im Sommer 2017 in Astana, der Hauptstadt von Kasachstan stattfinden. (…) Das Thema der Expo 2017 lautet: Future Energy: Action for Global Sustainability (Energien der Zukunft: Maßnahmen für weltweite Nachhaltigkeit). Dabei soll die ausreichende und gesicherte Versorgung mit Energie in Entwicklungsländern genauso thematisiert werden wie der Übergang von fossilen zu erneuerbaren Energien. Dieses Thema wurde von dem kasachischen EXPO-Komitee bewusst ausgewählt, da es als „größte Herausforderung der Menschheit" angesehen wird. Kasachstan als neuntgrößtes Land der Erde und eines der rohstoffreichsten Länder der Welt stellt sich mit diesem Thema vom 10. Juni bis zum 10. September 2017 der Weltöffentlichkeit.
Quelle: www.kasachstan-tourismus.de/expo2017

M 1   Pressetext zur EXPO 2017 in Astana, Kasachstan

	Kasachstan	Russland
Bruttoinlandsprodukt (in Mrd. US-$)	225	2057
Bruttoinlandsprodukt/Ew. (in US-$)	12950	14317
Wirtschaftswachstum (in %)	6,0	1,3
Anteil Bergbau am BIP (in %)	15,5	10,8
Exporte (in Mrd. US-$)	82,5	527,3
Importe (in Mrd. US-$)	48,9	314,9
Saldo Handelsbilanz (in Mrd. US-$)	33,6	212,4
Exportquote (Exporte/BIP, in %)	35,6	25,1
Ausgaben für Forschung und Entwicklung (in % des BIP)	0,2	1,1
Export nach Deutschl. (in Mrd. US-$)	0,43	37,9

M 2   Kasachstan: Wirtschaftsdaten 2013 (Russland zum Vergleich)

Staat	Atomreaktoren			Nukleare-Stromerzeugung (in Mrd. kWh)	Uran-bedarf (in t)
	in Betrieb	im Bau	In Planung		
USA	99	5	5	790,2	18816
Frankreich	58	1	1	405,9	9927
China	23	26	64	104,8	6296
Russland	34	9	31	161,8	5456
Südkorea	23	5	8	132,5	5022
Ukraine	15	0	2	78,2	2359
Japan	48	3	9	13,9*	2119
Deutschland	9	0	0	92,1	1889
Kanada	19	0	2	94,3	1784
Großbritannien	16	0	4	64,1	1738

M 3   Die weltweit größten Uran-Verbraucher 2013 (*Fukushima)

M 4   Hochangereichertes Uran

Export	Erlös	Anteil	Import	Erlös	Anteil
Rohöl	46,4	55,0 %	Rohöl	2,3	5,2 %
Erdgas	4,1	4,9 %	Güterwagen	1,5	3,5 %
Kupfer	3,6	4,3 %	Erdölprodukte	1,4	3,3 %
Ferrolegier.	3,5	4,3 %	Autos	1,4	3,2 %
Erdölprodukte	3,5	4,2 %	Medikamente	1,0	2,3 %
Uran	2,4	3,1 %	Computer	1,0	2,3 %

M 5   Kasachstan: Exporte und Importe 2012 (Erlös in Mrd. US-$)

Export	Erlös	Anteil	Import	Erlös	Anteil
China	16,4	20,0 %	Russland	16,0	36,0 %
Russland	7,6	9,0 %	China	7,8	18,0 %
Italien	7,3	8,7 %	Ukraine	2,5	5,7 %
Niederlande	6,2	7,4 %	Deutschland	2,5	5,6 %
Frankreich	5,7	6,9 %	USA	1,7	3,9 %
Österreich	3,6	4,4 %	Italien	1,0	2,5 %

M 6   Kasachstan: Handelspartner 2012 (Erlös in Mrd. US-$)

	Menge	Anteil		Menge	Anteil
Australien	1706100	29 %	Südafrika	338100	6 %
Kasachstan	679300	12 %	Brasilien	276100	5 %
Russland	505900	9 %	USA	207400	4 %
Kanada	493900	8 %	China	199100	4 %
Niger	404900	7 %	Mongolei	141500	2 %
Namibia	382800	6 %	Gesamt	5902500	

M 7   Uranreserven 2013 (in t und als Anteil der Weltreserven in %)

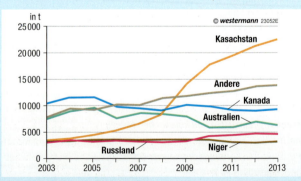

M 8   Uranproduktion 2003–2013

Pro Kernenergie	Kontra Kernenergie
• Sie ist CO_2-neutral und emittiert keine Abgase. • Sie ist eine wichtige Säule für eine zuverlässige Stromerzeugung in vielen Staaten ohne eigene Energieressourcen. • Es gibt noch ausreichend Uranvorkommen in politisch stabilen Ländern.	• Es ist technisch nicht möglich, radioaktive Emissionen vollständig zu unterbinden. • Die Lagerung radioaktiver Abfälle ist bis heute nicht gesichert. • Uranvorkommen sind eine endliche Ressource.

M 9   Argumente pro und kontra Kernenergie

Der seit der Fukushima-Katastrophe daniederliegende Uranpreis [zeigt] plötzlich steil nach oben. Noch im Sommer [2014] kostete ein Pfund Uran auf dem Spotmarkt rund 28 Dollar je Pfund. Jetzt liegt der Preis bei 44 Dollar. Und der Trend geht weiter nach oben. (...) Nach dem erschreckenden Ereignis im März 2011 wurden alle 55 AKW in Japan stillgelegt. (...) Ein Wieder-Hochfahren der Anlagen dürfte auch die Nachfrage nach Uran wieder beflügeln. (...) Aus anderen Regionen der Welt kommt ebenfalls neuer Wind. Marktbeobachter berichten von Versorgern in Nordamerika, die nach langer Zeit wieder auf der Käuferseite auftauchen. Die fundamentalen Rahmenbedingungen für Uran und Kernkraft sind besser als je zuvor. Es sind inzwischen mehr Reaktoren geplant oder schon im Bau als vor der Katastrophe in Fukushima.
Quelle: Dittmer, D.: Uranpreis-Explosion kommt Moskau gelegen. www.ntv.de

In Kasachstan herrschen Korruption, Vetternwirtschaft und Arbeitslosigkeit. Dennoch hat Machthaber Nursultan Nasarbajew nichts zu fürchten. Auch wenn teilweise der aus dem Rohstoffverkauf gewonnene Reichtum in die Mittelschichten durchsickert, klagt die Bevölkerung über steigende Preise, und junge Menschen finden ohne Beziehungen oder Bestechung kaum einen Beruf. Aber die Unzufriedenheit bleibt bisher am Küchentisch und führt nicht zu politischen Aktivitäten.
Quelle: Bensmann, M.: Almaty hat keinen Tahrirplatz. TAZ 2.4.2011

In my country we have about 100 uranium mines. Which have been operating for over 50 years. What you who are users of nuclear energy probably do not know, is the terrible consequences of uranium mining. The low radioactive waste from mines has already polluted many of water resources and soil. To produce only 60 000 tons of uranium, we have generated more than 200 million tons of radioactive waste in the past 50 years. We have not even started to contain and clean up the uranium mining tailings. Only emergency measures were taken. But the radionuclides continue to pollute daily our water a nd our air. Our children use the uranium tailing areas as a playground. We see every day the health impacts, but we have no epidemiologi cal data. All of this information has been secret and it is still no t investigated. People are just not informed. There is a lack of informati on on radiation impact on health.
Kaisha Atakhanova, *Vorstandsmitglied des kasachischen Ökoforums*

Der sogenannte Lösungsbergbau (...) kommt ganz ohne Gruben und Stollen aus, es reichen ein paar Bohrlöcher an den Rändern der Lagerstätte, in die durch Löcher säure- oder laugenhaltiges Wasser in die Tiefe gepumpt wird. Durch ein weiteres Bohrloch im Zentrum des Vorkommens wird die Flüssigkeit wieder aus dem uranhaltigen Gestein herausgesaugt. Auf seinem Weg von den Injektionsbohrlöchern zur Entnahmestelle lösen Säuren – etwa Schwefel- oder Salpetersäure – oder Basen das Uran aus dem Erz und befördern es ans Tageslicht. (...) Kasachstan setzt fast vollständig auf den Lösungsbergbau. Die Branche preist das Verfahren als besonders umweltfreundlich an. Denn die Positionierung der Bohrlöcher soll den Strom des uranbeladenen Wassers von den Rändern der Lagerstätte zu ihrem Zentrum lenken, sodass es nicht aus dem Fördergebiet fließt. „Das lässt sich aber nicht hundertprozentig kontrollieren", sagt Heinz Smital. Es würden Tausende von Tonnen Säure ins Erdreich gepumpt, die nicht vollständig wieder herausgeholt werden könnten, kritisiert der Greenpeace-Atomexperte.
Quelle: Meier, C.: Uran gibt es reichlich, aber die Förderung ist schwierig. Die Zeit 25.2.2010

M 10 Quellentexte zur Uranwirtschaft, zur politischen Situation und zum Uranbergbau in Kasachstan

Der Anforderungsbereich III – Königsdisziplin der Klausurleistung

Der Anforderungsbereich III steht häufig am Ende eines (geographischen) Erkenntnisprozesses. Er fordert von Ihnen, dass Sie zu selbstständigen Lösungen, Erklärungen, Folgerungen, Begründungen oder Wertungen kommen. Dabei ist das Einbeziehen vorher erworbener Kenntnisse bei Begründungen eines selbstständigen Urteils wichtig. Aus diesem Grund sind im Rahmen von Klausuren die Aufgaben des dritten Anforderungsbereiches in der Regel am Ende der Klausur zu finden. Wie Sie bereits gelernt haben, stellen die Operatoren die Wegweiser dar, welche verdeutlichen, in welcher Weise im Anforderungsbereich zu arbeiten ist. Im dargestellten Klausurbeispiel fordert der Operator „erörtern" drei Leistungen ein.

1. Darstellung der Argumente für die Nachhaltigkeit der Uranförderung in Kasachstan.
2. Darstellung der Argumente, die gegen die Nachhaltigkeit der Uranförderung in Kasachstan sprechen.
3. Formulierung einer eigenen schlüssigen Meinung.

Selbstverständlich sind auch in der dritten Aufgabe Materialverweise wichtig. Die Pro- bzw. Kontra-Argumente sind möglichst durch Materialien zu belegen. Eine eigene Meinung stellt in gewisser Weise ein Werturteil dar und muss daher auf einen Wertemaßstab zurückgeführt werden. In der Geographie sind Konzepte der Nachhaltigkeit gängige Wertmaßstäbe. So lassen sich ökonomische

Chancen der Uranförderung vor allem ökologischen Gefahren gegenüberstellen. Das eigene Urteil ist in der Klausur deutlich durch geeignete Formulierungen zu kennzeichnen (z. B. „Meiner Meinung nach ...", „Komme ich abschließend zu dem Urteil, ..."). Eine Hilfe, um zu einem differenzierten Urteil zu gelangen, kann die sogenannte SWOT-Analyse darstellen:

SWOT-Analyse

S (trength) = Stärken	**W** (eakness) Schwächen
O (pportunities) = Chancen	**T** (hreats) Gefahren

Die SWOT-Analyse wurde in den 1960er-Jahren von der Harvard Business School für strategisches Management bzw. für Marketingstrategien entwickelt. Sie kann den Weg zu einem fundierten Urteil erleichtern. Die Analyse schafft einen Überblick über die vorhandenen Stärken und Schwächen eines Sachverhaltes und wirft gleichsam einen Blick in die Zukunft, indem Chancen und Gefahren klar formuliert werden. Die Gewichtung der Chancen im Vergleich zu den Gefahren stellt dann den letzten Schritt bei der Urteilsbildung dar.

Zusammenfassung

Russland besitzt aufgrund seiner Flächengröße ein riesiges Rohstoffpotenzial nahezu aller Bodenschätze und natürlicher Ressourcen wie Wasserkraft, Holz, Fisch und Boden. Nach eigenen Angaben verfügt das Land über 15 bis 17 Prozent der weltweiten Rohstoffvorräte. Etwa 20 000 Vorkommen wurden erkundet, mehr als ein Drittel davon wird genutzt. Die geologischen Verhältnisse sowie die Größe der Lagerstätten vieler Energierohstoffe und mineralischer Ressourcen sind so gestaltet, dass diese im Weltmaßstab vergleichsweise kostengünstig abgebaut werden können. Allerdings befindet sich der Großteil der abbauwürdigen Lagerstätten in klimatisch extremen Räumen beziehungsweise müssen große Entfernungen zwischen den Abbaustandorten und den Märkten oder den Orten der Weiterverarbeitung überwunden werden. Das erfordert hohe Investitionen in den Ausbau der Infrastruktur, die Unterhaltung der Anlagen sowie die Versorgung der Menschen.

Rohstoffgigant Russland

Seit Beginn der Transformation profitierte Russland von seinem Rohstoffreichtum. Die Einnahmen aus dem Export von Rohstoffen, insbesondere Erdgas und Erdöl, federten die Einbußen ab, die durch den strukturellen Wandel der Wirtschaft eintraten. Bis heute tragen die Gewinne zu einem erheblichen Anteil zum Staatseinkommen bei. Bei der Modernisierung und dem Ausbau bestehender Anlagen zur Förderung von Ressourcen sowie der Erschließung neuer Lagerstätten wurde auch auf ausländische Firmen zurückgegriffen. Dadurch fließen bist heute ausländische Direktinvestitionen sowie Know-how nach Russland. Die Rohstoffabhängigkeit vieler Importländer, insbesondere von Erdgas und Erdöl,

besitzt für Russland aber auch eine politische Bedeutung, denn diese führt zu zahlreichen internationalen Beziehungen, kann aber auch als Druckmittel zur Durchsetzung eigener Interessen eingesetzt werden.

Abhängig von Rohstoffen

Allerdings ist der Anteil der Rohstoffe am gesamten Außenhandel bis heute überproportional hoch. Damit ist die Gesamtwirtschaft der Russischen Föderation stark von den Entwicklungen auf dem Weltmarkt abhängig. Rund die Hälfte des Staatsbudgets wird allein über Erdgas und Erdöl finanziert. Fallende bzw. stagnierende Rohstoffpreise, z.B. aufgrund des weltweiten Rückgangs der Nachfrage nach Öl, Gas und anderen Bodenschätzen in Folge der Finanzkrise und den damit teilweise dramatisch gesunkenen Rohstoffpreisen, haben dann gravierende Auswirkungen, zumal bis heute die Einnahmen aus den Exportportüberschüssen kaum für die Entwicklung anderer Branchen der Volkswirtschaft flossen.

Perspektiven

Mit hohen Investitionen in die traditionellen Rohstofffördergebiete soll die Effizienz der oft noch aus Sowjetzeiten stammenden Anlagen deutlich erhöht werden, auch, um international wettbewerbsfähig zu bleiben. Dabei werden neben der wirtschaftlichen Nachhaltigkeit bei den Unternehmen zunehmend auch soziale sowie ökologische Aspekte wahrgenommen und umgesetzt. Seit einigen Jahren versucht Russland seinen Rohstoffexport auch in Richtung Asien, insbesondere China zu verstärken. Einerseits bietet sich dort ein riesiger Markt, andererseits soll die starke Abhängigkeit von der EU als Handelspartner verringert werden.

Kompetenzcheck

		Kapitel
Fachmodul	• Physisch-geographische Faktoren (FM 1)	3.2, 3.7, 3.8, 3.9
	• Eingriffe in Ökosysteme (FM 1)	3.5, 3.7, 3.9, 3.10
	• Ursachen und Erscheinungsformen regionaler, internationaler und globaler Verflechtungen (FM 2)	3.2, 3.4
	• Stellenwert von Räumen in der Weltwirtschaft (FM 2)	3.2
	• Pflanzliche, mineralische und energetische Rohstoffe (FM 3)	3.1–3.7, 3.10
	• Ressource Wasser (FM 3)	3.8, 3.9
	• Entwicklungspotenziale und Perspektiven (FM 3)	3.2–3.4, 3.8
	• Nachhaltige Raumnutzung – Anforderungen und Maßnahmen (FM 3)	3.1, 3.3, 3.5–3.8
Raummodul	• Probleme der Raumnutzung (z. B. Raumweite, naturräumliche Herausforderungen) (RM 9)	3.2, 3.3, 3.5, 3.6
	• Der Transformationsprozess und seine wirtschaftsstrukturellen Auswirkungen (RM 9)	3.1, 3.2
	• Russlands wirtschaftsräuml. Verflechtung mit den Nachfolgestaaten der früheren Sowjetunion (RM 9)	3.4

Weiterführende Literatur und Internetlinks

Diercke Regionalatlas Russland
• Wolga-Kama-Kaskade
• Nickelabbau Norislk
• Bowanenko-Gasfeld Jamal-Halbinsel

Daten zu mineralischen Rohstoffen
• Deutsche Rohstoffagentur
  www.bgr.bund.de/DERA/DE
• United States Geological Survey (USGS)
  http://minerals.usgs.gov/minerals

Daten zu Erdöl, Erdgas und Uran
• Organisation of the Petroleum Exporting

Countries (OPEC)
www.opec.org
• BP Statistical Review of Energy
  www.bp.com/en/global/corporate/
  about-bp/energy-economics.html
• World Nuclear Organisation
  www.world-nuclear.org

Daten zur Holzwirtschaft
• Food and Agriculture Organization of the
  United Nations (FAO)
  http://faostat.fao.org
• The Russian Federation Forest Sector, Out-

look Study to 2030
www.fao.org/docrep/016/i3020e/
i3020e00.pdf

Norilsk
• Homepage von Norilsk-Nickel u.a. mit
  Jahresberichten (auch in Englisch)
  www.nornik.ru

Aralsee
• Umfangreiches Portal zu Wasser- und
  Umweltproblemen in Zentralasien
  www.cawater-info.net

4 WIRTSCHAFT UND TRANSFORMATION

4.1 Von zentraler Plan- zur Marktwirtschaft

Am 31. Januar 1990 wurde in Moskau der erste McDonald's eröffnet. Dieses Ereignis kann als Synonym für die Konsumrevolution gelten, welche die ehemals sozialistischen Länder im Zuge des Übergangs zur Marktwirtschaft erlebten. Die sich wesentlich im Konsum niederschlagende Teilung in ein östliches und westliches Europa nahm damit ein Ende.
Luise Althanns, *deutsche Publizistin*

M1   Am Eröffnungstag des ersten McDonald's in Russland am Moskauer Puschkin-Platz stehen über 30 000 Menschen Schlange.

Vor der Transformation

Ende der 1970er-Jahre waren die Anzeichen für eine tiefgreifende Krise in der Sowjetunion unübersehbar: Sinkender Leistungsstand der Wirtschaft, Verringerung des Lebensstandards der Bevölkerung, Vergrößerung des technologischen Rückstandes zu den westlichen Industrienationen, große Umweltschäden. Die in den 1980er-Jahren von Michail Gorbatschow eingeleiteten Reformen – „glasnost (Transparenz) und „perestrojka" (Umbau) – konnten die politische und wirtschaftliche Lage nicht mehr stabilisieren. Die Union der Sozialistischen Sowjetrepubliken (UdSSR) löste sich Ende 1991 auf. Zum zweiten Mal innerhalb eines Jahrhunderts wurde Russland grundlegend umgebaut, und mussten sich die Menschen mit einem für sie völlig neuen politischen und wirtschaftlichen System anfreunden. 1917 hatten Februar- und Oktoberrevolution das Zarenregime beseitigt und durch ein sozialistisches System ersetzt. In den 1990er-Jahren sollte der Umstieg auf ein kapitalistisches System folgen.

Erste und zweite Transformationsphase

Bis heute ist dieser Prozess der Transformation noch nicht endgültig abgeschlossen. Zunächst hatte der Übergang vom zentral gelenkten sozialistischen System zu pluralistisch-marktwirtschaftlichen Strukturen in allen gesellschaftlichen Bereichen Prozesse der Auflösung und des Zerfalls ausgelöst. Mit Beginn des zweiten Transformationsjahrzehnts kam es jedoch zunehmend zu wirtschaftlicher und politischer Stabilisierung, allerdings gibt es in dem riesigen Land große regionale Unterschiede.

Folgen

Mit der Transformation wurde auch die frühere Weltmachtstellung der Sowjetunion deutlich geschwächt. Russland ringt seitdem um politische und wirtschaftliche Integration in die Weltgemeinschaft. Die Abwendung der baltischen Staaten von der GUS und ihre Einbindung sowie die der ehemaligen „Ostblockstaaten" in die EU – zum Beispiel von Polen und der Tschechischen Republik – haben den geostrategischen Einflussbereich deutlich verringert.
Eine augenfällige Folge der Transformation ist die noch weiter gestiegene Rohstoffabhängigkeit der russischen Wirtschaft

(Kapitel 3). Doch wie haben die Landwirtschaft, die Industrie und der Dienstleistungssektor die Transformation überstanden? Was sind die Nachfolger von Kolchosen und Sowchosen? Gibt es innovative Ideen, den niedergegangenen industriellen Sektor zu beleben? Mit welchen Dienstleistungen will Russland auf den heimischen und internationalen Märkten punkten? Und gibt es tatsächlich weiterhin eine starke Verflechtung Russlands mit den Nachfolgestaaten der Sowjetunion?

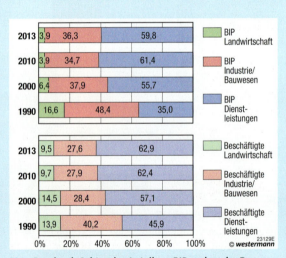

M2   Russland: Sektoraler Anteil am BIP und an der Beschäftigung 1990–2013

M3   Russland: Wirtschaftliche Entwicklung 1990–2014

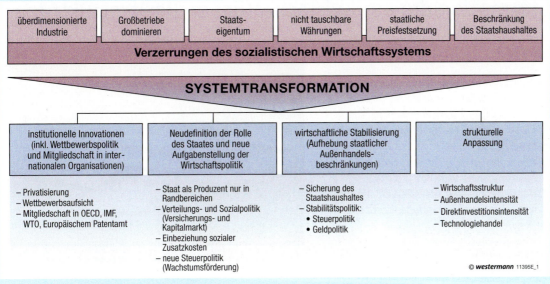

| überdimensionierte Industrie | Großbetriebe dominieren | Staats- eigentum | nicht tauschbare Währungen | staatliche Preisfestsetzung | Beschränkung des Staatshaushaltes |

Verzerrungen des sozialistischen Wirtschaftssystems

SYSTEMTRANSFORMATION

| institutionelle Innovationen (inkl. Wettbewerbspolitik und Mitgliedschaft in inter- nationalen Organisationen) | Neudefinition der Rolle des Staates und neue Aufgabenstellung der Wirtschaftspolitik | wirtschaftliche Stabilisierung (Aufhebung staatlicher Außenhandels- beschränkungen) | strukturelle Anpassung |

– Privatisierung
– Wettbewerbsaufsicht
– Mitgliedschaft in OECD, IMF, WTO, Europäischem Patentamt

– Staat als Produzent nur in Randbereichen
– Verteilungs- und Sozialpolitik (Versicherungs- und Kapitalmarkt)
– Einbeziehung sozialer Zusatzkosten
– neue Steuerpolitik (Wachstumsförderung)

– Sicherung des Staatshaushaltes
– Stabilitätspolitik:
  • Steuerpolitik
  • Geldpolitik

– Wirtschaftsstruktur
– Außenhandelsintensität
– Direktinvestitionsintensität
– Technologiehandel

© **westermann** 11395E_1

Transformation
(transformare (lat.) = umformen, umgestalten, verändern) in der Geographie: grundlegender Wechsel politischer, gesellschaftlicher und wirtschaftlicher Strukturen

M 4 Systemtransformation vom sozialistischen zum marktwirtschaftlichen Wirtschaftssystem

Transformationsindex

Der Transformationsindex der Bertelsmann Stiftung (BTI) analysiert und bewertet die Qualität von Demokratie, Marktwirtschaft und politischem Management in 129 Entwicklungs- und Transformationsländern. Beurteilt werden Indikatoren zur rechtsstaatlichen Demokratie und sozialpolitisch flankierter Marktwirtschaft in einem Bereich von 1 (geringster Wert) und 10 (höchster Wert).

	2003	2006	2010	2014
Russland	6,0	6,1	5,7	5,2
Armenien	5,7	6,3	5,8	5,7
Aserbaidschan	4,4	4,5	4,9	4,7
Georgien	4,1	5,7	6,0	6,2
Kasachstan	5,1	5,5	5,2	5,1
Kirgisistan	4,5	4,8	5,0	5,6
Tadschikistan	3,2	3,5	3,4	3,6
Turkmenistan	3,3	3,2	3,6	3,5
Usbekistan	3,4	3,5	3,3	3,1

M 5 Transformationsindex Russlands und der asiatischen Nachfolgestaaten der Sowjetunion

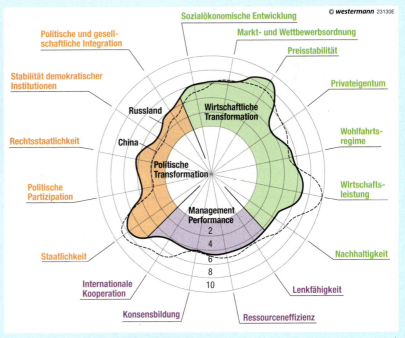

© **westermann** 23130E

M 7 Transformationsindex Russlands und Chinas

Politische Transformation	**Wirtschaftliche Transformation**
• **Staatlichkeit**: Staatl. Gewaltmonopol, staatliche Identität, kein Einfluss religiöser Dogmen, grundlegende Verwaltungsstrukturen • **Politische Partizipation**: Freie und faire Wahlen, effektive Regierungsgewalt, Vereinigungs- und Versammlungsfreiheit, Presse- und Meinungsfreiheit • **Rechtsstaatlichkeit**: Gewaltenteilung, Unabhängigkeit der Justiz, Ahndung von Amtsmissbrauch, Garantie der Bürgerrechte • **Stabilität demokratischer Institutionen**: Leistungsfähigkeit und Akzeptanz demokratischer Institutionen • **Politische und gesellschaftliche Integration**: stabiles Parteiensystem, Vermittlung durch Interessengruppen, Zustimmung zur Demokratie	• **Sozioökonomisches Entwicklungsniveau** • **Markt- und Wettbewerbsordnung**: Grundlagen marktwirtschaftlichen Wettbewerbs, Antimonopolpolitik, Liberalisierung des Außenhandels, Etablierung eines Finanz- und Bankensystem • **Währungs- und Preisstabilität**: Antiinflations- und Wechselkurspolitik, makroökonomische Stabilität • **Privateigentum**: Garantie der Eigentumsrechte, Privatwirtschaft • **Sozialordnung**: Soziale Sicherungssysteme, Chancengleichheit • **Leistungsstärke der Volkswirtschaft** • **Nachhaltigkeit**: Umweltpolitik, Institutionen für Bildung sowie Forschung und Entwicklung

M 6 Indikatoren des Transformationsindex (Auswahl)

1. Von der Sowjetunion zur Russischen Föderation und ihren Nachfolgestaaten. Beschreiben Sie den Prozess der wirtschaftlichen Transformation.
2. Erläutern Sie wirtschaftliche Folgen des Transformationsprozesses in Russland.
3. Vergleichen Sie den Transformationsindex von Russland und China und bewerten Sie die Aussagekraft des Index.

4.2 Transformation der landwirtschaftlichen Besitzstrukturen

Die Dominanz landwirtschaftlicher Großbetriebe – erst in privater, dann in kollektiver oder staatlicher Hand – hat eine lange Tradition in Russland. Ein Großteil der agrarischen Nutzfläche war während der Sowjetzeit im Besitz von Sowchosen und Kolchosen. Seit Beginn der 1990er-Jahre befindet sich die russische Landwirtschaft in einem tiefgreifenden Strukturwandel. Mit der Abkehr von der zentralen Planwirtschaft stürzte der ländliche Raum in eine Krise. Absatzmärkte brachen weg und die Ausgaben der Agrarbetriebe für Saatgut, Dünger, Kraftstoffe stiegen sprunghaft an, während gleichzeitig die Verkaufspreise für Landwirtschaftsprodukte sanken. Diese Entwicklungen belasten sowohl die weiter existierenden, nunmehr privatisierten Großbetriebe, als auch die kleineren und Nebenerwerbsbetriebe.

1. Die heutigen Strukturen der russischen Landwirtschaft sind das Ergebnis einer etwa 200 Jahre langen Geschichte. Gliedern Sie diese in Etappen (M 1, M 8, M 11).
2. Beschreiben Sie die Fotos (M 3, M 4).
3. Analysieren Sie die Veränderungen in der russischen Landwirtschaft während der ersten und zweiten Transformationsphase (M 2, M 5, M 6, M 9).
Ⓩ 4. Erläutern Sie die Entwicklungen, die in den Lorenzkurven dargestellt sind (M 9).
5. Charakterisieren Sie am Beispiel der Region Altai die Probleme, mit denen sich die Landbevölkerung in Russland auseinandersetzen muss (M 7, M 10).
6. „Die landwirtschaftlichen Großbetriebe Russlands sind ein Auslaufmodell." Beurteilen Sie diese Aussage.

M 3 Landwirtschaftlicher Großbetrieb: Milchviehhaltung

M 4 Bäuerliche Subsistenzwirtschaft

Die Unterdrückung der ländlichen Bevölkerung durch die Leibeigenschaft wurde im Vergleich zu anderen europäischen Ländern in Russland erst sehr spät, im Jahr 1861, aufgehoben. Die freien Bauern bekamen jedoch zu wenig Land, als dass sie eigene leistungsfähige Betriebe gründen konnten, sodass sie für geringste Entlohnung auf den Feldern der Gutsherren weiter arbeiten mussten. Ein zusätzliches Entwicklungshemmnis stellte das fortbestehende Eigentums- und Nutzungsrecht von Flächen dar, das allein den Gemeinden zustand. (...) Dies führte dazu, dass zu Beginn des 20. Jahrhunderts sich der Großteil des Landbesitzes in der Hand von Großgrundbesitzern befand. Demgegenüber standen eine Vielzahl von Kleinstbetrieben mit einem hohen Zersplitterungsgrad der Agrarflächen. Klein- und Mittelbetriebe fehlten und die russische Landwirtschaft war insgesamt von einer geringen Produktivität und einem extrem geringen Ausbildungsgrad der Landbevölkerung gekennzeichnet.
Quelle: USA/Kanada - Russland/Ukraine (2004)

M 1 Quellentext zur Geschichte der russischen Landwirtschaft

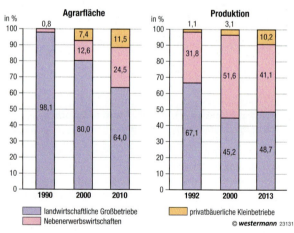

M 5 Russland: Agrarfläche und landwirtschaftliche Produktion nach Betriebsstruktur

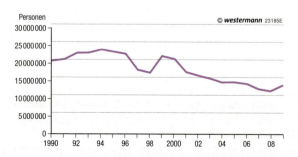

M 2 Russland: Beschäftigung in der Landwirtschaft

	Großbetriebe		Privater Nebenerwerb		Private Kleinbetriebe	
	2005	**2013**	**2005**	**2013**	**2005**	**2013**
Getreide	80,6%	74,5%	1,1%	0,9%	18,3%	24,6%
Zuckerrüben	88,4%	89,6%	1,1%	0,5%	10,5%	9,9%
Kartoffeln	8,4%	10,9%	88,8%	82,3%	2,8%	6,8%
Gemüse	18,7%	16,3%	74,4%	69,4%	6,9%	14,3%
Fleisch	46,2%	70,3%	51,4%	26,9%	2,4%	2,8%
Milch	45,4%	45,8%	51,8%	48,3%	3,1%	5,9%
Eier	73,6%	78,1%	25,7%	21,2%	0,7%	0,7%

M 6 Landwirtschaftserzeugnisse nach Betriebsform

Institutionelle Struktur des ländlichen Raumes in der UdSSR

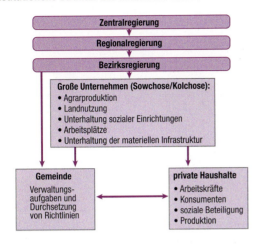

Institutionelle Struktur des ländlichen Raumes heute

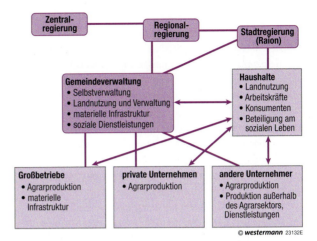

© *westermann* 23132E

M 7   Institutionelle Strukturen des ländlichen Raums in der UdSSR und in Russland heute

Nach der Oktoberrevolution 1917 zielte die Politik der Sowjetregierung auf die generelle Verstaatlichung der Landwirtschaft. Es entstanden drei eigentums- und besitzrechtliche Grundformen, die bis heute neben den neuen Betriebsformen Bestand haben:

- Sowchosen (Staatsgüter), in denen sämtliche Produktionsmittel (Maschinen, Gebäude, Boden) Staatseigentum waren,
- Kolchosen (Kollektivbetriebe), die mit staatlichen Produktionsmitteln auf den der Genossenschaft überlassenen Flächen vom Staat festgelegte Erzeugnisse produzierten,
- Nebenwirtschaften, in denen die Landarbeiter auf kleinsten Parzellen Anbau betreiben durften.

Als Resultat der fast 70-jährigen sowjetischen Agrarpolitik zeigte die russische Landwirtschaft zu Beginn der Transformation ein nahezu homogenes Bild: In den Dörfern dominierte ein spezialisierter Großbetrieb, der darüber hinaus alle sozialen und kommunalen Einrichtungen unterhielt. Auf den kleinen Parzellen der Nebenwirtschaften erzeugte die Bevölkerung Nahrungsmittel für den Eigenbedarf, versorgte aber auch nahegelegene Städte.

M 8   Landwirtschaft zur Zeit der UdSSR

Mit Beginn der Agrarreformen 1991 hatte jeder russische Bürger das Recht auf Bodeneigentum für landwirtschaftliche Tätigkeiten. Die 27 400 Großbetriebe, die es 1990 noch in Russland gab, mussten zehn Prozent ihrer landwirtschaftlichen Nutzfläche abgeben. Damit sank die durchschnittliche Fläche um 1500 ha auf etwa 6 000 ha pro Betrieb. Das Interesse der Bauern, eigene Betriebe zu gründen, blieb zunächst gering. Erst die starke finanzielle Unterstützung von bäuerlichen Privatbetrieben sowie die Vergabe von zinsverbilligten Krediten an private Landwirte führten zu einem Gründungsboom. Heute leiden diese neuen privaten Agrarbetriebe unter einer sehr schlechten Kapitalausstattung. Sie sind in der Regel auf die Großbetriebe angewiesen, über die sie einen Teil der Lagerung und des Verkaufs abwickeln und deren Maschinen sie mitnutzen. Nur etwa zehn Prozent der Betriebe verfügen über eine Fläche von mehr als 100 ha und besitzen mehr als einen Traktor pro Betrieb. So produziert die überwiegende Mehrheit der Neueinrichter bis heute keine oder nur geringe Überschüsse. Die Großbetriebe übernehmen weiterhin kommunale Aufgaben, wie die Strom- und Wasserversorgung.

M 11   Landwirtschaft in der Transformationsphase nach 1991

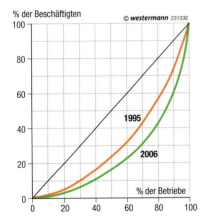

© *westermann* 23133E

M 9   Lorenzkurven zur Verteilung der Beschäftigten nach Betrieben

Würde jeder Betrieb die gleiche Anzahl von Beschäftigten aufweisen, würde die Lorenzkurve (vgl. M 2, S. 30) als eine Diagonale verlaufen. Jedoch arbeitete im Jahr 2006 z.B. in 80 Prozent aller Landwirtschaftsbetriebe deutlich weniger als die Hälfte aller Beschäftigten.

Für Anna Kaiser ist Aljonka ihr wichtigster Besitz: „Eine Kuh deckt alle Armut zu", sagt die 68-Jährige und bittet den Besucher auf ihren Hof. Dort wimmelt es von Enten und Hühnern, im Garten wachsen Tomaten, Gurken, Kartoffeln und natürlich Kapusta – Kohl. Anna Kaiser lebt mit ihrem Mann im Dorf Schumanowka im westsibirischen Altaiskij Krai [Region Altai]. Die Russlanddeutsche spricht noch den badischen Dialekt ihrer Vorfahren. (...) Auf den riesigen Feldern wachsen Sonnenblumen, Mais und Getreide. Kaum höher als 50 Zentimeter, denn zum Reifen hat die Frucht im Altai gerade einmal von Ende Mai bis Ende August Zeit. „Eigentlich ist das Gebiet nicht gut geeignet für die Landwirtschaft", sagt Anna Kaiser, „zu heiß im Sommer, zu wenig Regen und viel zu viel Wind." Trotzdem ist der Agrarsektor der wichtigste Wirtschaftszweig der Region. Von den knapp 2,6 Millionen Einwohnern des Altai arbeiten nach offiziellen Angaben rund 700 000 Menschen in der Landwirtschaft. Die Kolchosen und Sowchosen im Altai stecken jedoch in argen Finanznöten. Notwendige Reparaturen an Ställen und Getreidesilos bleiben aus, der Verfall ist offensichtlich. „Seit vier Monaten habe ich meinen Lohn nicht mehr bekommen", klagt Anna Kaiser, die – längst im Rentenalter – noch immer als Melkerin in der Karl-Marx-Kolchose in Schumanowka arbeitet. „Die Kolchose bezahlt uns in Naturalien: ein Sack Futter für die Tiere zuhause, etwas Brot." Ohne ihre Nebenwirtschaft könnte Anna Kaiser mit ihrem Mann Karl kaum überleben. „Der Garten und die Tiere ernähren uns den ganzen Winter hindurch", sagt sie. Heute sind die Regale in den Geschäften gut gefüllt, doch den meisten Menschen fehlt das Geld. „Kartoschka und Kapusta stehen oft auf unserem Tisch."
Quelle: Zihn, T.: Altai – Landflucht und Verarmung. ORNIS 24.5.2005

M 10   Quellentext über eine kleinbäuerliche Familie in der Region Altai

4.3 Strukturwandel im ländlichen Raum

Obwohl große Flächen für die landwirtschaftliche Nutzung nicht brauchbar sind, ist Russland allein aufgrund der Landesgröße eine bedeutende Agrarnation. Die strukturellen Anpassungsprobleme des ersten Transformationsjahrzehnts wurden schrittweise durch politisch flankierende Maßnahmen überwunden. Dazu gehören etwa Programme zur Vergabe zinsgünstiger Kredite an die Produzenten. Welche Auswirkungen auf die landwirtschaftliche Produktion und welche Zukunftsperspektiven ergeben sich daraus?

1. Beschreiben Sie die Entwicklung der Flächennutzung Russlands (M 4).
2. Erläutern Sie die Ursachen für den großen Anteil landwirtschaftlich nicht genutzter Flächen in Russland (M 4) bzw. den Rückgang der Ackerlandfläche (M 8, vgl. auch Kapitel 1.6, Atlas).
3. Analysieren Sie die Produktionsentwicklung der russischen Landwirtschaft.
4. Beschreiben Sie die Entwicklung der Brachflächen in Russland (M 12).
5. Erklären Sie die Bedeutung der Brachflächen (M 10).
6. Erläutern Sie den Entwicklungsstand und die Perspektiven der Biolandwirtschaft in Russland (M 11).
7. „Die russische Landwirtschaft – in Zukunft mit globaler Bedeutung". Erörtern Sie diese Position.

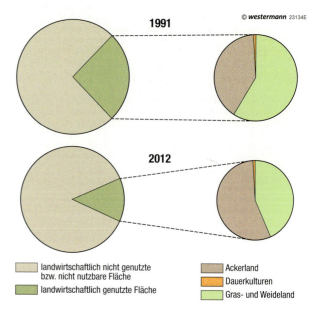

M 4 **Flächennutzung UdSSR 1991 und Russland 2012**

Legende:
- landwirtschaftlich nicht genutzte bzw. nicht nutzbare Fläche
- landwirtschaftlich genutzte Fläche
- Ackerland
- Dauerkulturen
- Gras- und Weideland

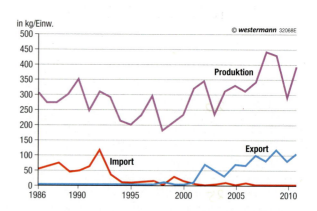

M 5 **Russland: Produktion, Ex- und Import von Weizen 1986 – 2011**

	1992	2000	2005	2010	2013
Ernte (in Mio. t)					
Weizen	46,2	34,5	47,6	41,5	52,1
Roggen	13,9	5,4	3,6	1,6	3,4
Gerste	27,0	14,0	15,7	8,4	15,4
Ertrag (in Zentner pro ha)					
Winterweizen	26,5	22,3	28,3	24,9	29,9
Roggen	18,5	15,8	15,7	11,9	18,9
Mais	29,0	21,2	38,5	30,0	50,1
Wintergerste	34,7	34,1	32,4	37,4	40,3

M 1 **Getreide: Produktion und Ertrag 1992 – 2013**

	1992	2000	2005	2010	2013
Milch pro Kuh in kg	2243	2341	3280	4189	5001
Eieranzahl pro Huhn	224	264	301	307	305
kg Fleisch pro Rind	84	79	94	105	118
kg Fleisch pro Schwein	61	62	107	155	192

M 2 **Produktivität der Landwirtschaft 1992 – 2013**

	2000	2005	2010	2013
Mineraldüngereinsatz (in Mio. t, in Stickstoffäquivalent)	1,4	1,4	1,90	1,8
Mineraldüngereinsatz (in kg/ha Ackerland)	19	25	38	38
Düngemitteleinsatz im Kulturland (in %)	27	32	42	46
Erntemaschinen (pro 1000 ha)	6	5	4	3

M 3 **Mineraldünger- und Entemaschineneinsatz 2000 – 2013**

	1992	2000	2005	2010	2013
Ackerland in Mio. ha	108,7	74,2	60,5	56,1	56,1
davon					
• Getreide- und Hülsenfrüchte	60,0	40,7	34,7	32,0	32,6
• Industriepflanzen	5,6	5,3	5,5	7,9	8,7
• Kartoffeln und Gemüse	1,4	0,5	0,3	0,4	0,3
• Futterpflanzen	41,7	27,7	20,0	15,8	14,5
Rinder und Milchkühe (in Mio.)	40,2	16,5	11,1	9,3	8,8
Schweine (in Mio.)	23,5	8,8	7,3	10,8	14,7
Schafe und Ziegen (in Mio.)	32,7	4,6	4,3	4,4	4,3
Getreide (in Mio. t)	104,1	59,4	62,7	47,0	68,9
Zuckerrüben (in Mio. t)	25,0	13,3	18,8	19,7	35,2
Kartoffeln (in Mio. t)	8,1	2,2	2,4	2,2	3,3
Fleisch (Schlachtgewicht, in Mio. t)	5,3	1,8	2,3	4,4	6,0
Milch (in Mio. t)	32,2	15,3	14,0	14,3	14,1
Eier (in Mrd. Stück)	31,7	24,2	27,3	31,3	32,2
Wolle (in 1000 t)	120,0	15,0	12,0	11,0	10,0

M 6 **Anbauflächen und Produktion 1992 – 2013**

M 7 Bioladen in Moskau

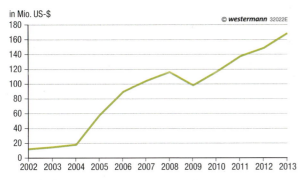

M 8 Russland: Verkauf von Biolebensmitteln 2002 – 2013

M 9 Brachfläche in Russland

Russlands Ackerflächen bieten ein gewaltiges Potenzial für die biologische Landwirtschaft. Langsam bildet sich in Russland eine weitere Konsumentengruppe heraus: Menschen, die sich dafür interessieren, was mit ihnen und ihrer Umwelt passiert. Damit ökologische Lebensmittel bezahlbarer und somit einer breiten Masse zugänglich werden, muss Russland selbst produzieren. Bio-Buchweizen aus russischem Anbau existiert bereits, und er ist kaum teurer als das herkömmliche Produkt. Zunehmend werden auch internationale Kooperationen aufgebaut. Ausländische Akteure vermitteln das nötige Know-How und bringen gesundes Saatgut sowie landwirtschaftliche Maschinen nach Russland. Bis der Markt im eigenen Land groß genug ist, werden die Lebensmittel dann hauptsächlich nach Europa exportiert und dort weiterverarbeitet – nachdem sie einige Kontrollen durchlaufen haben. Denn die Skepsis gegenüber den Produkten aus Russland ist bislang groß. Immerhin stellten Dumaabgeordnete nun bis 2015 ein Gesetz zur Kontrolle des Ökolandbaus in Aussicht. Dabei ist Russland dem Bio-Markt im Grunde schon lange einen Schritt voraus. Wenn Händlerinnen mit dem Gemüse aus ihrem Datscha-Garten in die Städte kommen, um es dort zu verkaufen, haben diese Lebensmittel keinen weiten Importweg zurückgelegt und sind sehr wahrscheinlich ohne Pestizide, Konservierungsstoffe oder zu große Mengen Dünger hergestellt. Das ist der eigentliche Inbegriff von Bio – wenn auch ohne Siegel.
Quelle: Werner, F.: Grüne Wende. Deutsche Moskauer Zeitung 19.3.2014

M 11 Quellentext zur Biolandwirtschaft in Russland

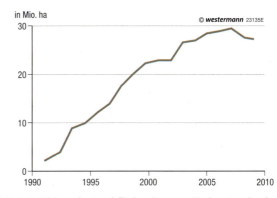

M 12 Entwicklung der Brachflächen im europäischen Russland

Eine Brachfläche ist ein ungenutztes Stück Land. Was interessiert Sie daran?
Florian Schierhorn: Ackerland wird weltweit immer knapper, während die Nachfrage nach Agrarprodukten weiter steigt. Gründe dafür sind das Bevölkerungswachstum und ein höherer Fleischkonsum, aber auch die zunehmende Nutzung von Kraftstoffen, die aus Pflanzen hergestellt werden, etwa Biodiesel. Brachflächen bieten also großes Potenzial. Und in Russland gibt es 40 Millionen Hektar davon.
Warum gibt es gerade dort so viel ungenutzte Fläche?
Das ist ein Resultat des Systemwandels. Zu Sowjetzeiten wurde Nahrungsmittelselbstversorgung angestrebt. Daher hat man auch Flächen genutzt, die relativ unfruchtbar waren. Nach 1991 sanken die russischen Rinderbestände dann innerhalb von 20 Jahren um etwa zwei Drittel, da der Staat die Subventionen für Agrarbetriebe drastisch reduziert hat. Auch die Konkurrenz auf dem internationalen Markt hat dazu beigetragen, dass viele landwirtschaftliche Betriebe zusammengebrochen sind. Die so entstandenen Brachen haben aber auch große Vorteile: Sie spielen eine wichtige Rolle für das globale Klima.

Inwiefern?
Auf den Brachflächen wachsen Gräser, Sträucher und Bäume. Dadurch wird Kohlenstoff in der Vegetation und im Boden gespeichert und somit der Atmosphäre entzogen, was den Klimawandel verlangsamt. Unsere Forschung hat ergeben, dass die Menge des gespeicherten Kohlenstoffs in Folge der Flächenaufgabe in Russland einem Drittel der Menge an CO_2 entspricht, die jährlich durch die USA emittiert wird. Das sind große Zahlen. (...)
Was für Pläne haben die Russen für die Brachflächen?
Zurzeit versucht Russland, die Selbstversorgung mit tierischen Produkten zu erhöhen und subventioniert diesen Sektor verstärkt. In der Schweine- und Geflügelproduktion hat man in den letzten Jahren bereits erhebliche Zuwächse erzielt, während der Rindersektor noch weit zurückhängt. Für die Fütterung der Tiere werden Flächen zur Futtermittelproduktion benötigt. Bauern, die ihr Land für einige Jahre nicht nutzen, werden enteignet. Auch so versucht man, die weitere Aufgabe landwirtschaftlicher Fläche zu verhindern.
Quelle: Ungenutzt nützlich: Russlands Brachflächen (2014) www.leibniz-gemeinschaft.de

M 10 Interview mit dem deutschen Agrarökonomen Florian Schierhorn über die Brachflächen in Russland

4.4 Transformation im ländlichen Raum – Perspektiven

Trotz des gewaltigen Potenzials erlebte die russische Landwirtschaft in den 1990er-Jahren einen beispiellosen Niedergang. Die Produktivität stagnierte, Millionen Hektar landwirtschaftliche Nutzfläche fielen brach, die Bruttoagrarproduktion ging zurück. Mittlerweile steht die Landwirtschaft wieder weit oben auf der politischen Agenda. Auch der Importstopp für westliche Agrarprodukte als Reaktion auf die Wirtschaftssanktionen könnte zu einer nachhaltigen Erholung der russischen Landwirtschaft beitragen.

1. Charakterisieren Sie Maßnahmen und Ziele der aktuellen russischen Agrarpolitik (M2, M4).
Ⓩ 2. Erläutern Sie mögliche Auswirkungen für private Kleinbauern und Konsumenten, die sich aus dem Wandel der Agrarwirtschaft ergeben.
3. Analysieren Sie den russischen Agrarhandel und erläutern Sie Abhängigkeiten zwischen der russischen und der EU-Landwirtschaft.
4. Erklären Sie vor dem Hintergrund der Sanktionen des Westens die Veränderungen bei der Versorgung Russlands.
5. Beurteilen Sie die Auswirkungen der Sanktionen des Westens sowie die Importverbote Russlands. Beziehen Sie dazu auch die Statements von Stefan Dürr ein (M12).

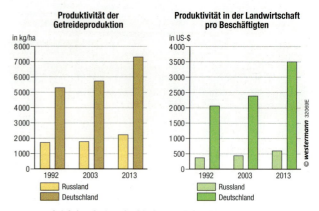

M3   Vergleich landwirtschaftliche Produktivität 1992, 2003, 2013

	Produktion		Import		Export	
	2009-2011	2013	2009-2011	2013	2009-2011	2013
EU	153017	156091	906	840	10975	12096
Russland	32017	30520	3467	4385	158	80

M4   Milch und Milchprodukte (in 1000 t Milchäquivalent)

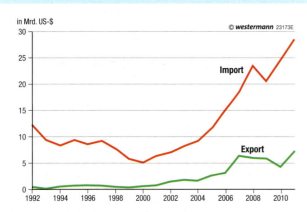

M1   Export und Import von Nahrungsmitteln 1992 – 2011

„Ich war immer dafür, dass Russland sich mit Grundnahrungsmitteln selbst versorgt", sagt der [ehemalige Landwirtschaftsminister] Gordejew. Seit 2010 gibt es sogar eine offizielle „Doktrin für Ernährungssicherheit". Das Ziel: 85 bis 90 Prozent des Bedarfs an Grundnahrungsmitteln soll das Land selbst produzieren. Es gehe dabei nicht nur um die Doktrin (...). Es gehe auch um die Struktur der russischen Wirtschaft als Ganzes. Noch immer hängt der Wohlstand des Landes fast ausschließlich vom Geschäft mit dem Erdöl ab. (...) Doch in der Landwirtschaft sind die Voraussetzungen eigentlich ideal, um global eine Rolle zu spielen. Nur zwei Prozent der Weltbevölkerung leben in Russland. Demgegenüber besitzt Russland neun Prozent aller landwirtschaftlichen Flächen, 20 Prozent des globalen Süßwassers und 40 Prozent der besonders fruchtbaren Schwarzerde. Es geht also darum, sich gleichzeitig von Nahrungsmitteln aus dem Westen und vom eigenen Öl unabhängiger zu machen. Und es geht um Arbeitsplätze, besonders auf dem Land. (...) „Wir müssen auch diese entlegenen Territorien unterhalten", sagt Gordejew. „Die Landwirtschaft spielt dabei eine Schlüsselrolle."
Quelle: Rohrbeck, F.: Putins Landwirtschaft nach Plan. Die Zeit 22.1.2015

M2   Quellentext zur Ernährungssicherheit

Die russische Landwirtschaft steht ganz oben auf der Prioritätenliste der Regierung. Dies nicht erst seit dem Lebensmittelembargo. Vor allem große Agrarholdings investieren fleißig. Neue Schweinemastanlagen werden gebaut. Überall schießen Gewächshäuser aus dem Boden. Künftig dürften mehr Soja und Mais angebaut werden. Russlands Regionen entwickeln Lager- und Logistikkomplexe für landwirtschaftliche Güter. Der Landwirtschaftssektor trägt 3,2 % zum russischen Bruttoinlandsprodukt bei und ist eine der dynamischsten Branchen in Russland. Die Regierung misst der Pflanzen- und Tierzucht große Bedeutung bei. Russland soll sich wieder selbst ernähren können, lautet die Maxime. Der Staat lässt sich das einiges kosten: Subventionen von rund 300 Mrd. Rubel (EZB-Wechselkurs vom 11.11.2014: 1 Euro = 57,99 Rubel) pro Jahr bis 2020. Vom Geldsegen profitieren jedoch nicht alle landwirtschaftlichen Betriebe. Bei Russlands Kleinbauern jedenfalls kommen die vielen Rubel nicht an. In den vergangenen zehn bis fünfzehn Jahren haben sie Saatgut und Düngemittel in der Regel auf Kredit gekauft. Doch im Sommer 2010 gingen weite Flächen Russlands wegen der Hitzewelle in Flammen auf, die Ernte verbrannte oder vertrocknete. Viele Bauern verloren alles, stottern bis heute die Kredite von damals ab. Beispiel Milchviehwirtschaft: In privaten Hofwirtschaften sinkt der Milchkuhbestand kontinuierlich, das gilt auch für traditionelle Agrargenossenschaften. An staatliches Geld kommen sie selten.
Quelle: GTAI: Russlands Landwirte sollen Verbraucher selbst versorgen 11.12.2014

M5   Quellentext zur Entwicklung der russischen Landwirtschaft

	Eier	Früchte	Fleisch	Ölpflanzen	Gemüse
1992	0,1	0,11	0,07	0,3	0,1
1995	15	9	9,6	14,8	11,0
2000	58	47	50,2	51,6	51,6
2005	100	100	100	100	100
2010	140	200	156,0	190,4	195,2
2012	161	272	192,5	229,3	164,1

M6   Index der Preisentwicklung (Indexwert 2005 = 100)

M 7 Moderne Melkanlage in Russland

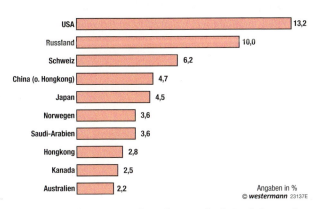

M 8 Anteil an den Exporten für Nahrungsmittel, Getränke und Tabakwaren der EU 2013

USA — 13,2
Russland — 10,0
Schweiz — 6,2
China (o. Hongkong) — 4,7
Japan — 4,5
Norwegen — 3,6
Saudi-Arabien — 3,6
Hongkong — 2,8
Kanada — 2,5
Australien — 2,2

Angaben in %
© *westermann* 23137E

M 10 Gewächshaus in Russland

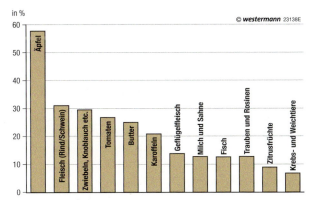

M 11 Anteil der EU-Agrarausfuhren an den russischen Gesamteinfuhren 2013

in %
© *westermann* 23138E

Äpfel, Fleisch (Rind/Schwein), Zwiebeln, Knoblauch etc., Tomaten, Butter, Karoffeln, Geflügelfleisch, Milch und Sahne, Fisch, Trauben und Rosinen, Zitrusfrüchte, Krebs- und Weichtiere

Sanktionen und Importstopp 2014

Um Russlands Verstöße gegen das Völkerrecht zu ahnden sowie ein Einlenken in der Ukraine-Krise zu erwirken, verhängten die USA, Kanada, Australien, die Europäische Union und Norwegen im März 2014 Sanktionen gegen Russland. Sie bestehen u.a. aus Einreiseverboten für Funktionsträger, dem Verbot der Kreditvergabe an führende russische Banken und Unternehmen, aus Embargos für Exporte von Technologien zur Erdölförderung. Als Gegenmaßnahme hat Russland am 6. August 2014 ein Importverbot für einige Agrarprodukte (Fleisch, Milch und Milchprodukte, Obst, Gemüse, Nüsse und Fisch) aus den Sanktionsländern verhängt, das ein Jahr lang gelten soll.

Während Russlands Importstopp von Produkten aus der EU in der heimischen Gemüsebaubranche für drastische Umsatzeinbußen und Preiseinbrüche sorgt, boomt der Gemüsebausektor in Russland. Bisher ließ sich das größte Land der Erde ein Drittel des verbrauchten Gemüses (600 Mio. t) aus den Niederlanden, Spanien, Griechenland oder Polen importieren. Russische Gewächshausbetreiber konzentrieren sich vorwiegend auf die Produktion von Tomaten, Gurken, Petersilie und Dill. Aber woher nun Zucchini, Paprika, Auberginen und Broccoli nehmen, wenn nicht aus der EU?(...) Die russische Lösung lautet: Selbst produzieren! Derzeit schießen in Russland die Gewächshäuser wie die sprichwörtlichen Schwammerln aus dem Boden und sorgen für neuen Schwung in der Branche. Der russische Gewächshaus-Verband strebt eine Erweiterung der Anbaufläche von 1900 ha auf 4000 ha an, um die russische Bevölkerung zu 70 bis 80 % selbst mit Gemüse versorgen zu können.
Quelle: GTAI: Russland: Investitionsboom bei Gewächshäusern. 12.11.2014

M 9 Quellentext zum Boom beim russischen Gemüseanbau

„In Russland haben alle darauf gewartet, dass die Regierung mit Gegenmaßnahmen auf die Sanktionen der EU und der USA antwortet. (...) Putin schlägt zwei Fliegen mit einer Klappe. Er antwortet auf die Sanktionen des Westens, was, glaube ich, die Voraussetzung dafür ist, dass sich beide Parteien irgendwann wieder an einen Tisch setzen. Und er gibt der russischen Landwirtschaft die Chance, sich in einer geschützten Übergangszeit zu entwickeln. Ein Einfuhrverbot etwa für westliche Pkw hätte der heimischen Wirtschaft wenig gebracht, weil nicht absehbar ist, dass wir hier eine wettbewerbsfähige Automobilwirtschaft aufbauen. Bei der Landwirtschaft ist das anders."

„Ich glaube nicht, dass die Preise steigen. Ich denke eher, dass die europäischen Milchproduzenten durch südamerikanische ersetzt werden. Außerdem wird der Anteil russischer Milchprodukte zunehmen. Es gibt ja schon seit Jahren das Ziel, dass der Selbstversorgungsgrad bei Milchprodukten 90 Prozent betragen soll. Bisher gab es immer noch die wirtschaftsliberalen Stimmen im Land, die solche Quoten abgelehnt haben. Diese ganze Diskussion ist nun vorbei. Jetzt braucht man niemandem mehr zu erklären, dass wir eine gewisse Grundversorgung durch russische Lebensmittel brauchen. (...) Ich schätze, dass es noch zehn Jahre dauern wird, bis wir das 90-Prozent-Ziel bei der Milch mit einer kostengünstigen Produktion erreichen."
Quelle: Rohrbeck, F.: „Ich habe Putin zu Sanktionen geraten" Die Zeit 14.8.2014

M 12 Zitate aus einem Interview mit Stefan Dürr

Die Ekoniva-Gruppe des Deutschen Stefan Dürr ist eines der größten russischen Agrarunternehmen mit mehr als 200 000 Hektar bewirtschafteter Fläche. Mit 16 800 Milchkühen ist das Unternehmen Russlands größter Milchproduzent.

4.5 Deindustrialisierung – Reindustrialisierung?

Bis 1992 musste sich die russische Industrie aufgrund der wirtschaftlichen Verflechtungen im Ostblock keiner Konkurrenz stellen. Für die einzelnen Staaten waren Produktionsschwerpunkte festgelegt und für die einzelnen Betriebe war der Absatz garantiert. Die Industriebetriebe waren marode; jahrzehntelang war wenig in die Erhöhung der Produktivität investiert worden. 1992 war die russische Industrie auf dem Weltmarkt nicht konkurrenzfähig. Betriebe wurden aufgegeben. Folgt auf die Phase der Deindustrialisierung nun eine Reindustrialisierung, etwa im Automobilsektor?

1. Beschreiben Sie differenziert die Entwicklung des Verarbeitenden Gewerbes in Russland seit 1992 (M 1 – M 3).
2. Erklären Sie die Begriffe De- und Reindustrialisierung.
3. Auch in der zweiten Transformationsphase kommt es zu einer Deindustrialisierung. Erklären Sie (M 5, Kapitel 3.2).
4. Charakterisieren Sie die russische PKW-Produktion (M 6, M 9).
5. Erläutern Sie die Motive der russischen Industriepolitik und der ausländischen Automobilkonzerne, in Russland Fabrikationswerke zu errichten (M 9, M 10).
Ⓩ 6. Erläutern Sie die Vorteile eines Auto-Clusters (M 8).
7. „Der Automobilsektor ist ein Beleg dafür, dass die Deindustrialisierung überwunden ist". Nehmen Sie Stellung zu dieser These.

M 4   Eisen- und Stahlwerk in Satka (Oblast Tscheljabinsk)

Russlands Wirtschaft weist enorme strukturelle Verwerfungen auf. Sie liegen im sowjetischen Industrialisierungsmodell begründet, aber ebenso in den beiden großen Anpassungsphasen, die die russische Wirtschaft zur Adaption an die neue marktwirtschaftliche Wirklichkeit seither durchlaufen hat, der Transformationsphase 1990 – 1995/97 und – so merkwürdig es auch klingen mag – der Zeit des sogenannten Wirtschaftswunders 2000 – 2008, als Russland mit jahrelangen Zuwächsen von zehn Prozent des BIP glänzte und zu neuer ökonomischer Stärke zu kommen schien.

Die sowjetische Planwirtschaft, getrieben von dem Verständnis, in einer produktivitätsmäßig hinterherhinkenden und agrarlastigen Ökonomie durch beschleunigte Industrialisierung mit dem imperialistischen Westen gleichzuziehen oder diesen gar zu überholen, fokussierte auf die Schwergüterindustrie und stellte Forschung und Technologieentwicklung primär dem militärisch-industriellen Komplex zur Verfügung. (...) Es gehörte zu den absehbaren Folgen, dass mit dem wirtschaftspolitischen Regimewechsel ab 1989/90 ein enormer Umsteuerungsbedarf auftrat. Umgesetzt wurde die Transformation mit einer Schocktherapie, zu der die bekannten Eingriffe gehörten: Unternehmensprivatisierungen, Preisfreigaben inklusive der Öffnung des Wechselkurses und Handelsliberalisierung. (...) Der „marktwirtschaftliche Zugewinn" an Produktivität und die Entstehung neuer Produkte und Sparten ließen auf sich warten. Grenzöffnung und Reduzierung der Schutzzölle sorgten vor allem dafür, dass nicht (mehr) konkurrenzfähige sowjetische Produkte vom Markt verschwanden. (...) Im Vergleich mit anderen Reformgesellschaften darf die russische Transformation als die welthistorisch wohl größte Zerstörung von Produktionskapazitäten bezeichnet werden, die ein Land außerhalb von Kriegszeiten und Naturkatastrophen je durchlitten hat.(...)

1999 (...) setzte der Ölpreisboom ein und mit den rasch steigenden Deviseneinnahmen aus Energieausfuhren veränderten sich schlagartig wieder die wirtschaftlichen Rahmenbedingungen. Die Öljahre ab 1999 brachten Russland enorme Einnahmen. Öl wird nicht hergestellt, sondern gehoben und Öleinnahmen stellen oberhalb der Förderkosten nur Renten dar, die keine Allokationsbindung mit dem Produktionsprozess haben. Mit seinen Energieausfuhren erhielt das Land vom Ausland „geschenkte" Kaufkraft und konnte ohne Erweiterung seiner materiellen Produktion importieren und konsumieren. Die nationale Konsumkraft wurde von der nationalen Produktionskraft entkoppelt.
Quelle: Traub-Merz, R.: Öl oder Autos. FES Februar 2015

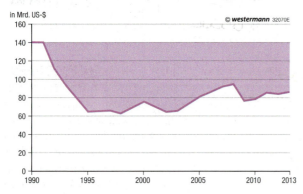

M 1   Russland: Wertschöpfung im Verarbeitenden Gewerbe (in Mrd. US-$, in den Preisen 1990)

	1992	2000	2005	2010	2013
Bergbau	88,2	74,3	99,1	106,6	110,8
Textilien	71,9	23,4	24,8	23,8	25,2
Maschinen	84,4	32,3	44,9	48,7	53,7
Fahrzeuge	85,3	53,1	52,7	52,0	68,7
Metall, -produkte	82,3	66,8	87,5	92,2	103,3
Chemische Produkte	79,0	69,7	81,9	91,2	109,6
Gummi, Plastik	79,5	52,5	74,5	150,6	200,4

M 2   Produktion im Verarbeitenden Gewerbe und im Bergbau nach ausgewählten Sparten (Indexwert 1991 = 100)

Beschäftigung	1990	2000	2005	2010	2013
gesamt	75,3	64,5	66,8	67,6	67,8
Ver. Gewerbe	21,0	13,3	10,3	10,3	10,0
Anteil (in %)	27,9	20,6	15,4	15,2	14,7

M 3   Beschäftigung im Verarbeitenden Gewerbe (in Mio.)

M 5   Quellentext zur Transformation der russischen Wirtschaft

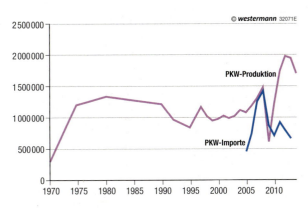

M 6 Automobilproduktion in der UdSSR und Russland 1970 – 2014

	2005	2007	2009	2011	2013
gesamt	1 520 225	2 541 920	1 465 742	2 653 688	2 597 720
Einfuhren	451 714	1 253 268	866 477	915 525	660 000
PKW-Produktion in Russland	1 068 511	1 288 652	599 265	1 738 163	1 936 865
davon russische Firmen	914 288	k. A.	316 000	679 000	580 935
davon ausländ. Firmen	153 857	k. A.	280 000	1 060 000	1 355 930

M 9 PKW-Verkäufe in Russland nach Herkunft (Einfuhren und Produktion in Russland durch russische oder ausländische Unternehmen) 2005 – 2013

M 7 Fertigung von VW in Kaluga

Unternehmen	Standort	seit	Kapazität 2010	Kapazität 2015
Renault-Avtoframos	Moskau	1998	100 000	160 000
Ford-Sollers*	St. Petersburg	2002	100 000	125 000
GM-Avtovaz*	Toljatti	2002	60 000	110 000
VW	Kaluga	2007	115 000	300 000
Toyota	St. Petersburg	2007	50 000	200 000
Nissan	St. Petersburg	2007	50 000	100 000
GM	St. Petersburg	2008	70 000	70 000
Peugeot-Mitsubishi	Kaluga	2010	100 000	125 000
Renault-Nissan-Avtovaz*	Toljatti	1966/ 2013	800 000	1 150 000

M 10 Fertigungskapazitäten ausländischer Automobilkonzerne (Auswahl, * Joint Venture)

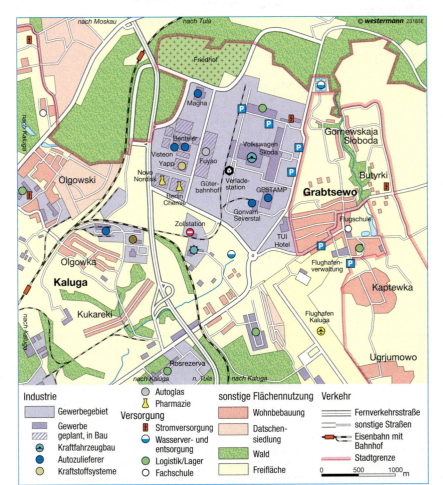

M 8 Industriepark/Autocluster Kaluga-Grabtsewo

In Kaluga und Umgebung hat nicht nur VW 2007 sein Werk eröffnet und 2009 die Vollproduktion mit heute 6100 Mitarbeitern gestartet. Auch Volvo und Renault montieren hier Lkws, die PSA-Gruppe stellt hier Autos her. Das Werk des österreichisch-kanadischen Konzerns Magna einen Steinwurf weiter ist die sichtbare Vorhut der im Aufbau begriffenen Zulieferindustrie, die Rohbauten von Pharma-Konzernen künden bereits von einem zweiten Branchencluster. Binnen fünf Jahren wurden mit Investoren insgesamt 66 Industrieprojekte vertraglich fixiert, 42 davon sind entweder schon in Betrieb oder immerhin in Bau.(...) Mit dem sogenannten „Wunder von Kaluga" ist der Landstrich (...) zur Vorzeigeregion in einem sonst recht investitionslahmen Russland geworden.
Quelle: Steiner, E.: Der wundersame Aufstieg der Kaluga-Region. Die Welt 19.7.2012

Volkswagen reagiert auf die Absatzkrise auf dem russischen Automarkt und drosselt die Produktion in seinem Werk in Kaluga. Von April bis Juli werde in der Fabrik südwestlich von Moskau auf eine Viertagewoche umgestellt (...). Der lange von Autobauern als vielversprechend gelobte russische Markt befindet sich wegen der Wirtschaftskrise seit Monaten im Abwärtstrend. Von Januar bis Februar brach der Verkauf (...) um 32 Prozent im Vergleich zum Vorjahreszeitraum ein.
Quelle: dpa-Meldung 23.3.2015

M 11 Quellentexte zum Cluster Kaluga

4.6 Tertiärer Sektor: Boom des Lebensmitteleinzelhandels

Vor 1992 war auch der Dienstleistungssektor verstaatlicht. Einzelne Bereiche wie die Medizin, Kultur, Bildung und der Sport, aber auch die Gastronomie und der Handel waren in großen Dienstleistungszentren untergebracht sowie zum Teil auch großen Betrieben angegliedert. Mit dem Zusammenbruch stießen die Betriebe ihre Service- und Sozialbereiche ab, der Staat schränkte seine Leistungen ein. Westliche Handelsketten nutzten den wirtschaftlichen Umbruch zur Erschließung des russischen Marktes. Das heutige Bild bestimmen aber immer noch kleine Dienstleistungsunternehmen wie (mobile) Geschäfte, Autohändler, Tankstellen und Reparaturbetriebe. Unübersehbar sind aber auch Banken und Versicherungen.

1. Beschreiben Sie die Entwicklung des Anteils des Dienstleistungssektors am Bruttoinlandsprodukt und der Beschäftigung in Russland (M 3).
2. Vergleichen Sie die Beschäftigtenanteile im Dienstleistungssektor in Russland und Deutschland (M 4).
3. Analysieren Sie die Entwicklung im Einzelhandel Russlands (M 7 – M 9, M 11, M 12).
4. Nehmen Sie Stellung zu der These, der Einzelhandel in Russland würde durch westliche Konzerne dominiert (M 10, M 12).
5. Vergleichen Sie den privaten Konsum in Russland und Deutschland (M 1, M 5).
(Z) 6. Entwickeln Sie eine Vorhersage, wie sich der russische Einzelhandel vor dem Hintergrund eines sich weiter verändernden Konsumverhaltens in Zukunft gestalten wird.
(Z) 7. Erörtern Sie die Auswirkungen des Embargos wegen der Ukraine-Krise für den Lebensmittelsektor (M 2).

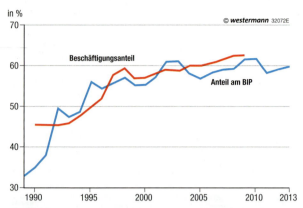

M 3 Russland: Anteil des Dienstleistungssektors am Bruttoinlandsprodukt und der Beschäftigung 1989 – 2012

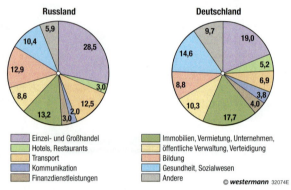

M 4 Beschäftigtenanteil der Dienstleistungsbereiche (in %)

	2001	2007	2012
Es ist schwierig, mit dem Geld auszukommen, selbst für Lebensmittel wird es knapp.	22	14	9
Wir haben genug Geld für Lebensmittel, aber Kleidung ist ein ernstes Problem.	44	33	22
Wir haben genug Geld für Lebensmittel und Kleidung, aber Konsumgüter sind ein ernstes Problem.	27	37	49
Konsumgüter zu kaufen ist für uns kein Problem, doch es ist schwierig, teurere Dinge zu erwerben.	7	15	19
Wir können es uns auch leisten, teurere Dinge wie ein Auto, eine Wohnung, eine Datscha oder andere Dinge zu kaufen.	<1	1	0

M 1 Umfrage in Russland zu privatem Konsum (Frage: „Zu welcher Gruppe von Familie gehört ihre?"; Angaben in %)

	Russland 2001	Russland 2013	Deutschland 2012
Nahrungsmittel, Getränke, Tabakwaren	49,4	30,0	13,9
Bekleidung, Schuhe	13,6	9,4	4,6
Wohnen, Energie	7,1	10,7	34,5
Innenausstattung, Haushaltsgeräte/-gegenstände	6,1	7,0	5,5
Gesundheitspflege	2,1	3,6	4,2
Verkehr	7,7	17,9	14,2
Kommunikation	1,4	3,4	2,5
Freizeit, Unterhaltung, Kultur	4,6	7,1	10,6
Bildungswesen	1,2	1,0	0,7
Gaststätten, Hotels	2,6	3,6	5,5
Andere	4,2	6,4	3,9

M 5 Private Konsumausgaben der Haushalte Russland 2001 und 2013 und Deutschland 2012 (in %)

Der Gang in den Supermarkt offenbart in Russland in letzter Zeit Erstaunliches. Das im vergangenen August verhängte Importembargo gegen Lebensmittel und Agrargüter aus vielen westlichen Ländern treibt interessante Blüten. Die Suche nach alternativen Lieferanten verrät manches über die Möglichkeiten des internationalen Lebensmittelhandels, seien es legale wie Tiefkühlgemüse aus Serbien oder illegale wie die berühmten Meeresfrüchte, die angeblich aus Weißrussland kommen, dessen Crevetten-Potenzial jahrelang offenbar sträflichst verkannt wurde.

Ach nein, die Herkunftszertifikate sind ja gefälscht. (...) Die inländische Käseproduktion ist von Januar bis April um 30 Prozent gestiegen. Aber die Milchproduktion sank um 0,5 Prozent, die Milchimporte gingen um ein Drittel zurück. Woraus also wurde der Käse gemacht? Um ein Drittel gewachsen ist der Import von günstigem Palmöl, das zur Herstellung von Kunstkäse verwendet werden kann. Der Schluss liegt nahe, dass viele Russen sich mit Ersatzkäse begnügen müssen.
Quelle: Russlands käst sich durch. FAZ 26.5.2015

M 2 Quellentext zu den Auswirkungen des Importembargo auf den russischen Lebensmitteleinzelhandel

M6 Lebensmittelkioske in Pushkino

M13 Magnit-Hypermarkt in Armawir (Region Krasnodar)

	1992	2000	2013
Russische Produktion	77	60	56
Ausländische Produktion	23	40	44

M7 Herkunft der Handelsgüter im Einzelhandel (in %)

	1992	2000	2013
Staatlich	56	4	1
Privat	30	85	85
Andere	14	11	14

M8 Einzelhandelumsätze nach Besitzerstruktur (in %)

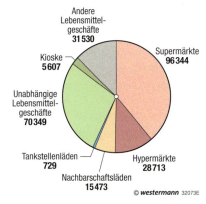

Andere Lebensmittelgeschäfte 31 530

Kioske 5607

Unabhängige Lebensmittelgeschäfte 70 349

Tankstellenläden 729

Nachbarschaftsläden 15 473

Supermärkte 96 344

Hypermärkte 28 713

© westermann 32073E

M9 Umsätze im Lebensmitteleinzelhandel 2012 (in US-$)

Russland ist einer der größten und am schnellsten wachsenden Einzelhandelsmärkte unter den Ländern Mittel-und Osteuropas. Die allgemein steigende Kaufkraft der ca. 143 Millionen russischen Einwohner und eine wachsende Mittelschicht, die als Zielgruppe für international tätige Produzenten und Handelsunternehmen immer interessanter wird, sorgen in den letzten Jahren für ein bemerkenswertes Wachstum im Lebensmitteleinzelhandel. (...) In der letzten Zeit haben globale Einzelhändler ihre Aktivitäten in Russland ausgeweitet. Die Entwicklung des organisierten Einzelhandels hat so weitere Impulse erhalten, seitdem im Jahr 2000 internationale Einzelhändler in Russland aktiv geworden sind. Doch nach wie vor dominieren einheimische Händler sowie traditionelle Kleinunternehmen und Straßenmärkte das Bild. Besonders in Moskau und St. Petersburg haben die modernen Handelsformate wie Hyper- und Supermärkte und Discounter in den letzten Jahren sehr schnell zugenommen.
Quelle: Belaya, V., Gagalyuk, T.: Der wachsende Lebensmittelmarkt in Russland. Russland-Analysen 29.1.2010

M11 Quellentext zum russischen Lebensmitteleinzelhandel

Sergej Galizki ist von den 20 reichsten Russen der einzige, der sein Geld nicht mit Rohstoffen verdient hat. (...) Im Schatten des Öl- und Gasbooms hat Galizki den Lebensmittelkonzern Magnit, zu Deutsch Magnet, hochgezogen. Ausgehend von einigen kleinen Kiosken im südwestrussischen Krasnodar, hat er das Riesenreich nach und nach mit einem immer engmaschigeren Netz an Filialen überzogen. Heute gilt der „russische Aldi", wie der Discounter auch mitunter genannt wird, als landesweit größte Handelskette: 7486 Filialen – der Großteil von ihnen Minimärkte mit etwa 300 Quadratmeter Verkaufsfläche, aber auch 145 Hypermärkte genannte Riesen-Supermärkte – sind vorwiegend in kleineren Städten von bis zu einer halben Million Einwohner angesiedelt. Mit knapp 200 000 Mitarbeitern ist Magnit hinter den russischen Eisenbahnen, dem Gaskonzern Gazprom und der Post Russlands viertgrößter Arbeitgeber. (...) Etwa ein halbes Dutzend Geschäfte werden täglich eröffnet.
Quelle: Steiner, E.: Der brillante Milliardär hinter „Russlands Aldi". Die Welt 18.8.2013

M12 Quellentext zum russischen Lebensmitteleinzelhandelskonzern Magnit

Unternehmens-name	Bezeichnung der Ketten	Herkunft	Gründung in Russland	2007		2012		
				Umsatz (in Mrd. US-$)	Filialen	Umsatz (in Mrd. US-$)	Filialen	Beschäftigte
X5-Group	Pyaterochka, Perekrestok	Russland	2006	5,3	853	18,2	3802	117 400
Metro Group	Metro Cash & Carry. Real	Deutschland	2000	4,8	60	8,4	65*	k. A.
Magnit	Magnit	Russland	1994	3,7	2197	16,7	6884	260 000
Auchan Group	Auchan, Leroy Merlin	Frankreich	2002	3,4	21	9,9	123	38 960
Lenta	Lenta	Russland	1993	1,6	26	4,2	108*	35 100
Kopeika	Kopeika	Russland	1998	1,5	416	von X5-Group gekauft		
Dixy	Dixy, Megamart, Minmart	Russland	1992	1,4	388	5,5	1499	33 151
Sedmoi Kontinent	The Seventh Kontinent, Nash	Russland	1994	1,4	127	2,3	156*	k. A.
O'Key	O'Key, O'Key-Express	Russland	2002	1,2	24	4,3	83	26 782
Rewe Group	*Rewe, Penny*	*Deutschland*	*1927*	*29,6*	*8939*	*35,5*	*9870*	*225 775*

M10 Die größten Lebensmitteleinzelhandelsketten in Russland (*2013, zum Vergleich Rewe Group in Deutschland)

4.7 Tourismus im Altai-Gebirge

Das Altai-Gebiet im Dreiländereck Russland – Mongolei – VR China erfreute sich schon zu sowjetischer Zeit, also bis 1991, großer Beliebtheit bei naturverbundenen, abenteuerorientierten Touristen aus der Sowjetunion, vor allem aus Sibirien. Auch zahlreiche Bergsteiger kamen, um die Viertausender zu besteigen. Seit einer Gesetzesnovelle 2005 hat die Autonome Republik Altai den Status einer Sonderwirtschaftszone für Tourismus, mit den Schwerpunkten Wellness-Tourismus, alpiner Wintersport, Öko-, Wasser- und Extremsporttourismus. Mit den Naturschönheiten und den vielfältigen Sport- und Wandermöglichkeiten sollen nun auch internationale Touristen ins nördliche Altai-Gebirge gelockt werden.

1. Beschreiben Sie die räumliche Lage, das Relief und die Erreichbarkeit der Republik Altai (Atlas).
2. Analysieren Sie das touristische Potenzial der Republik Altai mit Hilfe der Materialien auf dieser Doppelseite (SWOT-Analyse = Strengths-Weaknesses-Opportunities-Threats).
3. Beurteilen Sie die Zukunftsperspektiven der touristischen Entwicklung der Republik Altai auf der Grundlage der SWOT-Analyse.

Autonome Republik Altai
- Fläche: 92 600 km²
- Bevölkerung: 208 425 Ew. (2012); 2,2 Ew./km²
- Hauptstadt: Gorno-Altaisk (59 720 Ew.)
- Bevölkerungsgruppen (2010): Russen: 56,6 % - Altaier: 33,9 % - Kasachen: 6,2 % u.a.m.
- Sprachen: Altaisch, Russisch
- Religionen: Buddhisten (Altaier), Muslime (Kasachen), Orthodoxe und Atheisten (Russen)

„Altai is so diverse, that it may satisfy the taste of any traveller. It is possible to travel around Altai on foot and on ski, on horseback or on camelback, by helicopter or hand glider and paraglider, by light sporting boats on rapid mountain rivers and by comfortable motor ships on the Teletskoye Lake which is also called Altyn Kyol (Golden Lake), on mountain skis upon steep slopes or by cars and bicycles across mountain passes searching for „the heart of Asia" (...) With the special alpinist equipment on icefalls and sheer rocks to transcendental tops of the highest Siberian mountains or in fathomless pits of the deepest caves, with aqualungs along the bottoms of transparent mountain lakes, with guns in taiga pursuing an expensive hunting trophy – it is really difficult to imagine any kind of tourism impossible in Altai. European travellers, who happened to be here last century, found striking resemblance between Altai and the Switzerland Alps."

M3   Werbetext der Republik Altai (www.altai-republic.ru)

Seit Ende 1998 gehören Bereiche der Region als „Goldene Berge des Altai" zum Weltnaturerbe der UNESCO. (...) Ausschlaggebend für die Aufnahme ist die reiche Biodiversität von Flora und Fauna in den Übergangsbereichen zwischen Steppen, Waldsteppen, Mischwäldern, subalpiner und alpiner Stufe sowie das Vorkommen zahlreicher seltener und endemischer Arten, wie bspw. des Schneeleoparden. Es wird angestrebt, die mit Pufferzonen insgesamt über 1,6 Mio. ha großen Schutzgebiete grenzübergreifend zu vernetzen und laufende wissenschaftliche Beobachtungsprogramme (...) in die Naturschutzkonzepte zu integrieren.
Herget, J., Thurmann, C.: Der Altai, die (touristische) Schweiz Sibiriens. Geographische Rundschau 1/2011

M4   Quellentext zum UNESCO-Welterbegebiet

Lediglich ein kleiner Teil des Altai-Gebirges liegt auf dem Gebiet Russlands. Der weitaus größte Teil befindet sich in der Mongolei. Im Altai herrscht ein strenges Kontinentalklima vor; starke Temperaturschwankungen im Jahresgang sind hier normal: Im Winter werden bis zu minus 60°C, im Sommer werden bis zu plus 40°C erreicht. Man rechnet im Altai mit etwa 190 Sonnentagen im Jahr. Die Niederschlagsmengen liegen zwischen 500 und 1000 mm im Jahr.
Als beste Reisezeit für den Altai erscheint der Zeitraum Ende Juli bis Anfang September. Im Juli erreichen die Temperaturen ihr Maximum, es ist sehr heiß mit wenig Niederschlägen. Im August ist das Wetter meist ausgeglichen. Der Herbst im Altai beginnt bereits Anfang September. Schon einige Tage später kann es den ersten Schnee geben.(...) Der höchste Berg ist die Belucha (4506 m). Von den Angehörigen des Altaivolkes wird dieser Berg als heilig verehrt. Ein weiterer Viertausender ist der Berg Aktru (4035 m). Beide Berge sind vergletschert.
Quelle: Zöllner, H.: Reisehandbuch Sibirien (1996)

M1   Quellentext zum Altai-Gebirge

M2   Camping: Das Jedermannsrecht erlaubt das Zelten auf öffentlichen Flächen außerhalb von Siedlungen

M5   In der Region sind alle Sparten des Aktivurlaubs wie Trecking, Reiterurlaub, Rafting, Fischen, Jagen und Bergsteigen möglich.

M 6 Altai-Gebirge

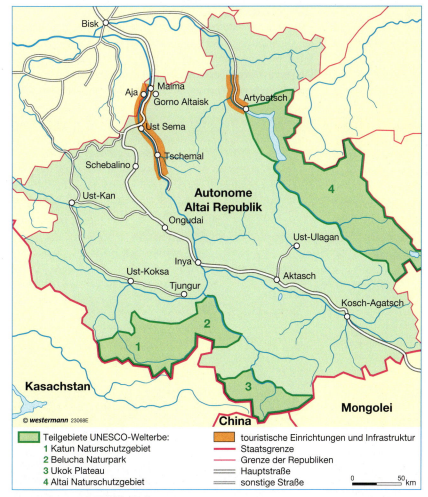

M 7 Autonome Republik Altai

Teilgebiete UNESCO-Welterbe:
1 Katun Naturschutzgebiet
2 Belucha Naturpark
3 Ukok Plateau
4 Altai Naturschutzgebiet

touristische Einrichtungen und Infrastruktur
Staatsgrenze
Grenze der Republiken
Hauptstraße
sonstige Straße

0   50 km

© westermann 23068E

„Der neue Glücksspieltempel wird den Namen „Siberian Coin" tragen (...). Es gehört zum Altai Palace Hotel Resort. Ein Besuch im Siberian Coin ist Luxus pur, denn man bewegt sich auf dicken Wollteppichen. In den Waschräumen befinden sich sogar Waschbecken, die mit echtem Goldstaub versehen sind. (...) Angefangen hat alles, nachdem im Jahre 2008 alle Casinos in Moskau von Präsident Vladimir Putin verbannt wurden und es keinen einzigen Ort mehr gab, an dem man legal spielen konnte. Ausgenommen vom Verbot der Glücksspiele waren vier Regionen – eine davon war Altai in Sibirien."

M 8 Meldung zum ersten Kasino in der Republik Altai 2014

Das Potenzial als Urlaubsregion ist auch von administrativer Seite Russlands erkannt worden. Daher wurde die Republik als Sonderwirtschaftszone für Tourismus und Erholung ausgewiesen, um die Wirtschaft der strukturschwachen Region zu stärken. Mit dieser Maßnahme sind sowohl direkte Investitionen des Staates in Hotel- und Freizeiteinrichtungen sowie Infrastruktur als auch Subventionen und Vergünstigungen für private Investoren verbunden. Allein im unteren Katuntal [sollen] 3500 zusätzliche Übernachtungsmöglichkeiten unterschiedlicher Kategorien von der Familienpension bis zum VIP-Hotel errichtet werden (...). Hier gab es im Jahr 2000 nur eine maximale Aufnahmekapazität von rd. 1500 Gästen im Monat. Die Anzahl der Touristen in der Republik Altai soll entsprechend dem steigenden Trend der letzten Jahre bis 2015/2020 auf 2,5 Millionen – von 2009 rund 1 Million – mehr als verdoppelt werden. (...) Allein für das Skigebiet Mancherok im unteren Katuntal sind 12000 zusätzliche Betten für Skifahrer auf 32 neuen Pisten geplant. Für den parallelen Ausbau der Verkehrsinfrastruktur (...) sind 470 Mio. € vorgesehen. Hier ist auch die 120 km lange Erschließung der Republik mit der Eisenbahn bis 2013, die bislang nur bis Bisk führt, enthalten. (...) Ferner soll der privatisierte Flughafen in Gorno-Altaisk für rund 40 Mio. € mit Hilfe staatlicher Mittel modernisiert und für weitere 34 Mio. € für die Landung mittelgroßer Transportflugzeuge ertüchtigt werden. Hierdurch will man verstärkt Besuchern aus entfernteren Regionen die Anreise erleichtern, denn bislang stammen rund 80 % der Touristen aus Sibirien.
Quelle: Herget, J., Thurmann, C.: Der Altai, die (touristische) Schweiz Sibiriens. Geographische Rundschau 1/2011

M 9 Quellentext zum Ausbau des Tourismus

4.8 Nowosibirsk – Hightech-Standort am Ob

Mit rund 1,5 Millionen Einwohnern ist Nowosibirsk nach Moskau und St. Petersburg die drittgrößte Stadt Russlands. Sie ist das Verwaltungszentrum sowohl der Region (Oblast) Nowosibirsk als auch des riesigen Sibirischen Föderalen Bezirkes, der von der Grenze zur Mongolei bis weit ins Nördliche Eismeer ragt. Die Millionenstadt ist nicht nur ein Verwaltungs- sondern auch ein Industriezentrum mit mehr als 210 großen und mittleren Betrieben der Verarbeitenden Industrie. Dazu kommt ein großes Kultur-, Freizeit- und Bildungsangebot mit Philharmonie, Symphonie-Orchester, Oper, Ballett, vier Theaterhäusern, 16 Kinos, einem Planetarium, einem Zoo mit Weltgeltung, Universitäten und Akademien. Seit sowjetischer Zeit legendär ist die Wissenschaftsstadt Akademgorodok, die zum Stadtgebiet gehört.

1. Fassen Sie die Standortfaktoren sowie die Agglomerations- und Fühlungsvorteile von Nowosibirsk zusammen (M 1, M 2, Atlas, Internet).
2. Analysieren Sie die Branchenstruktur und die Funktionen
   a) des Ballungsraumes insgesamt sowie
   b) von Akademgorodok (M 5, M 7, Atlas).
3. Überprüfen Sie die Wissenschaftsstadt Akademgorodok im Hinblick auf charakteristische Merkmale eines Clusters (M 4).
(Z) 4. Vergleichen Sie die Cluster Akademgorodok und Cambridge/ Großbritannien (Atlas).

M 3 Das Information Technology Center im neuen Technopark der Universität Nowosibirsk beherbergt Technologieunternehmen und Start-Ups.

Standortfaktoren

Harte Standortfaktoren sind z.B. die Verkehrsanbindung, Lohnkosten, Grundstücks- oder Energiepreise sowie Subventionen. Weiche Standortfaktoren sind im Gegensatz dazu nicht messbar, sie umfassen z.B. das Investitionsklima, den Wohn- und Freizeitwert oder das Image einer Region ebenso wie das politische Klima in einem Staat.

Novosibirsk Region is one of the largest transportation junctions; it is also one of the biggest transit and logistic centers in Russia and Siberia. Because of its location on the Trans-Siberian Railway and on the Ob River, the region benefits from a favorable position which is suitable for different ways of transportation and shipments. The "Novosibirsk-Glavniy" railway station is the largest beyond the Ural mountains. The capital of the region has several airports, including the one which is hosting international flights to European and Asian countries. With such geographical and logistic position, Novosibirsk Region provides excellent conditions for economic and business development. Novosibirsk Region is one of the most industrially developed regions in Russia. It manufactures roughly 10 % of the total industrial output in Russia (...). Novosibirsk Region is the largest scientific and research center in Siberia, which represents high innovative potential. It is a base for 43 research centers and research institutes of the Siberian Branch of the Russian Academy of Sciences, Academy of Medical Sciences and Academy of Agricultural Sciences. The capital of the Region, Novosibirsk, has 22 higher educational institutions and 54 colleges that provide education and training in a wide variety of areas.
Quelle: Innovation Center Koltsovo: Novosibirsk Region (2012)

M 1 Selbstdarstellung der Region Nowosibirsk

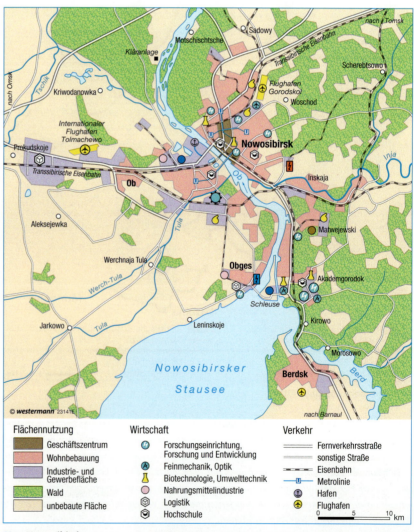

© westermann 23141E

M 2 Nowosibirsk

Flächennutzung
- Geschäftszentrum
- Wohnbebauung
- Industrie- und Gewerbefläche
- Wald
- unbebaute Fläche

Wirtschaft
- Forschungseinrichtung, Forschung und Entwicklung
- Feinmechanik, Optik
- Biotechnologie, Umwelttechnik
- Nahrungsmittelindustrie
- Logistik
- Hochschule

Verkehr
- Fernverkehrsstraße
- sonstige Straße
- Eisenbahn
- Metrolinie
- Hafen
- Flughafen

Seit das „Silicon-Valley" in Kalifornien weltweit zum Vorbild einer erfolgreichen Indus-
trieansiedlungspolitik geworden ist, gelten
Branchenkonzentrationen als Schlüssel zum
regionalen wirtschaftlichen Wachstum. Seit
den 1990er-Jahren hat sich dafür der Termi-
nus „Cluster" etabliert. Heute sind Cluster die
prominentesten sozialen Konstruktionen im
Profilierungsprozess von Wirtschaftsräumen,
auf die insbesondere im Rahmen der Wirtschaftsförderung rekurriert wird. Nach dem
Verständnis von Wirtschaftswissenschaftlern
ist nicht jede Konzentration von Betrieben
derselben Branche ein Cluster, sondern eine
Reihe von weiteren Grundvoraussetzungen
müssen gegeben sein, u.a.
• die Vernetzung der Betriebe untereinander,
• die Nähe zu Leitnachfragern,
• Innovationstätigkeit,
• sowie der Austausch mit Hochschul- und
  Forschungseinrichtungen der Region.

*Quelle: Tzschaschel, S., Hanewinkel, C.: Der mittel-
deutsche Wirtschaftsraum zwischen industriellen
Netzwerken und Marketingkonstruktion. Geographische Rundschau 6/2007*

M4 **Quellentext zu Clustern**

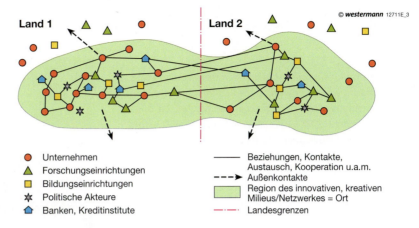

M6 **Modell eines bilateralen Clusters**

Cluster

Ein Cluster ist kurz gefasst eine räumliche
Konzentration spezialisierter wirtschaftlicher Aktivitäten mit Agglomerations- und
Fühlungsvorteilen sowie mit ausgeprägten Standortgemeinschaften. Das abge-
bildete Modell eines Clusters (M6) betont
die internationalen Beziehungen eines
Clusters und die Mobilität der hoch spe-
zialisierten Fachkräfte und Forscher über
Staatsgrenzen hinweg. Idealtypisch tritt

es in der Realität auf als Biotechnologie-
Cluster in der Öresund-Region (Kopenha-
gen in Dänemark sowie Malmö und Lund
in Schweden).
Fühlungsvorteile sind Standortvorteile für
Unternehmen derselben Branche, die sich
am gleichen Standort ansiedeln, z.B. durch
ein spezialisiertes Arbeitskräfte-Potenzial
sowie durch spezialisierte Zuliefer-, Dienst-
leistungs- oder Transportunternehmen.

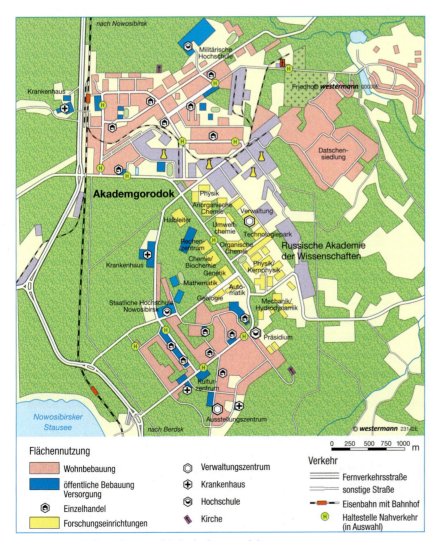

Flächennutzung

🟫 Wohnbebauung	⬡ Verwaltungszentrum
🟦 öffentliche Bebauung Versorgung	✚ Krankenhaus
⬡ Einzelhandel	⬡ Hochschule
🟨 Forschungseinrichtungen	⛪ Kirche

Verkehr

Fernverkehrsstraße
sonstige Straße
Eisenbahn mit Bahnhof
Ⓗ Haltestelle Nahverkehr (in Auswahl)

0 250 500 750 1000 m

M5 **Wissenschaftsstadt Nowosibirsk-Akademgorodok**

*Akademgorodok, zu Deutsch das „Wissen-
schaftlerstädtchen", ist anders. Hier sitzt
die Hälfte der Passagiere in den Bussen und
Marschrutkas mit elektronischen Büchern in
der Hand. Der Grund: Viele der rund 130 000
Bewohner des Nowosibirsker Stadtteils (...)
arbeiten in der Wissenschaft, in Technologieunternehmen oder studieren an der Universität. Nirgends sonst in Russland findet
sich eine so konzentrierte Ansammlung wis-
senschaftlicher Einrichtungen: 40 Institute
und Laboratorien sowie die Staatliche Universität Nowosibirsk. Der Standort wurde aus
strategischen Gründen gewählt: Bereits im
Zweiten Weltkrieg hatte man etliche Indus-
trieunternehmen aus dem europäischen Teil
der Sowjetunion nach Sibirien umgesiedelt. So
war es logisch, auch für die Russische Akade-
mie der Wissenschaften, die hier noch heute
ihren Sitz hat, einen Standort weit weg von
potenziellen Feinden, tief im Landesinneren,
zu haben. In den 1950er- und 1960er-Jahren
mitten im Wald und unweit des Ob-Stausees
errichtet, ist der Stadtteil eine kleine grüne
Oase. (...) Zwar haben die Universität und die
Institute heute nicht mehr die Strahlkraft der
sowjetischen Zeit, dennoch locken sie nach wie
vor zahlreiche Unternehmen an. Nationale
und internationale IT-Unternehmen wie Intel,
Microsoft und Yandex sind vor Ort.*

*Quelle: Schott, N.: Wo die Wissenschaft zuhause ist.
Moskauer Deutsche Zeitung 2.2.2015*

M7 **Quellentext zu Akademgorodok**

4.9 Wirtschaftliche Verflechtung der Nachfolgestaaten

Vor 1992 war die Sowjetunion eine politische und militärische, aber keine wirtschaftliche Weltmacht. Exportiert wurden schon damals vor allem Rohstoffe. Maschinen und Anlagen mussten eingeführt werden. Die asiatischen Unionsrepubliken der UdSSR wiederum waren wirtschaftlich stark abhängig von der Russischen Sowjetrepublik. Diese wirtschaftlichen Strukturschwächen und Abhängigkeiten bestehen im heutigen Russland sowie in den asiatischen Nachfolgestaaten der UdSSR fort.

1. Analysieren Sie die Wirtschaftsdaten von Russland und den asiatischen Nachfolgestaaten der UdSSR (M 7).
2. Fassen Sie die Exportprodukte Russlands und der asiatischen Nachfolgestaaten der UdSSR zusammen (M 8).
3. Erörtern Sie anhand des Handels die wirtschaftliche Stellung der UdSSR, Russlands und der asiatischen Nachfolgestaaten der UdSSR in der Welt (M 6, M 11).
Ⓩ 4. Fassen Sie die Vor- und Nachteile des Beitritts zur Eurasischen Wirtschaftsunion für Kirgisistan zusammen (M 4).
5. Erläutern Sie für die Nachfolgestaaten der UdSSR die Bedeutung der Gastarbeiter in Russland (M 1, M 2).
6. Analysieren Sie die Bedeutung des Handels innerhalb der GUS (M 9, M 10)
6. Nehmen Sie Stellung zu den heutigen wirtschaftlichen Verflechtungen der Nachfolgestaaten und Russland.
Ⓩ 7. Beurteilen Sie die Zitate der Präsidenten von Russland und Kirgisistan (M 5).

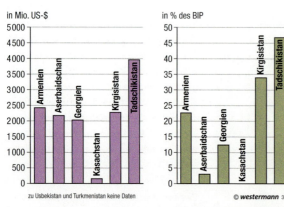

in Mio. US-$
in % des BIP

zu Usbekistan und Turkmenistan keine Daten

© **westermann** 32075E

M 1   Rücküberweisungen in Nachfolgestaaten der UdSSR 2013

Die enge wirtschaftliche Bindung an das schwächelnde Russland macht Nachbarstaaten zu schaffen. (...) Das Gastarbeiterthema in den GUS-Ländern war über die Jahre ein zweischneidiges. Auch wenn die starke Präsenz von Gastarbeitern die nationalistischen Spannungen in Russland angeheizt hat, bestand all die Jahre über eine gegenseitige Abhängigkeit zwischen Russen und den Arbeitern aus Zentralasien, dem Kaukasus, der Ukraine oder Moldawien. Vor allem schlecht bezahlte Jobs wie Straßenarbeiten wurden von den Migranten ausgeführt. Für diese freilich war das ungleich reichere Russland ein Ort, an dem man auch unter schlechten Arbeitsbedingungen und geringer Bezahlung immerhin genug Geld verdienen konnte, um zu Hause eine Familie zu ernähren. Und dem Heimatstaat wertvolle Einnahmen zu bescheren.
Quelle: Steiner, E.: Russische Krise springt auf die Nachbarstaaten über. Die Welt 20.1.2015

M 2   Quellentext zu Gastarbeitern in Russland

M 3   Grenzübergang Qordai zwischen Kasachstan und Kirgisistan

Der Weg aus Kirgisistan auf die russischen Märkte führt über Kasachstan. Die beiden letztgenannten Länder bilden zusammen mit Weißrussland und Armenien die Eurasische Wirtschaftsunion, die bis heute primär aus einer Zollunion besteht – und von der Kirgisistan der fünfte Teil wird, falls das kleine zentralasiatische Land bald den Beitritt vollzieht. (...) Die Wirtschaftsunion ist für den russischen Präsidenten mehr ein politisches Vorzeigeprojekt, weniger ein ökonomisches Integrationsprojekt. Viel hinzugewinnen kann Russland in Kirgisistan nicht. Der Binnenmarkt von 5,7 Mio. Einwohnern ist klein, in den Geschäften stapeln sich schon heute russische Produkte. Die Kaufkraft der Bevölkerung, die laut Weltbank zu rund 40% in Armut lebt, ist (...) gering. Moskau wird ohnehin als Kolonialmacht wahrgenommen. Gegen einen großzügigen Schuldenerlass unterhält der Kreml hier eine Luftwaffenbasis; der staatliche Gazprom-Konzern hat für einen Dollar das kirgisische Erdgasnetz übernommen und Modernisierungen versprochen.
Der Wirtschaftsverlauf Kirgisistans ist volatil, bedingt auch durch eine schwankende Förderung von Metallen. Besonders für sein Gold, das unter schwierigen Bedingungen in großer Höhe abgebaut wird, ist das gebirgige Land bekannt. 2015 wird das BIP laut dem Internationalen Währungsfonds (IWF) nur um real 1,7% wachsen, die Teuerung dagegen auf über 10% steigen. Kirgisistan hat ein liberales Handelsregime, aber mit dem Beitritt muss es seine Außenzölle auf das deutlich höhere Niveau der Wirtschaftsunion anheben, die durchaus protektionistische Züge trägt. Der Weiterverkauf chinesischer Produkte in andere Länder der ehemaligen Sowjetunion, teilweise nach ihrer Weiterverarbeitung, ist ein wesentliches Standbein der kirgisischen Wirtschaft. Rund die Hälfte aller Importe stammt aus dem Reich der Mitte. Die möglichen Verwerfungen der Wirtschaftsunion spielt Präsident Atambajew herunter. Er erklärte, das Modell des Reexports habe sich sowieso überlebt. Was an dessen Stelle treten soll, verriet er nicht.
Quelle: Triebe, B.: Moskau bittet Kirgistan zur Zwangsehe. FAZ 1.5.2015

M 4   Quellentext zu Kirgisistans in der Eurasischen Wirtschaftsunion

„Wer sich die Sowjetunion zurückwünscht, der hat keinen Verstand. Wer um den Untergang der Sowjetunion nicht trauert, der hat kein Herz."
Wladimir Putin, *russischer Präsident*
„Als Teil der Eurasischen Union will sich Kirgisistan um enge Beziehungen zur EU bemühen. (...) Es gibt nur einen Weg für uns nach Europa – und der führt durch Russland und Kasachstan."
Almasbek Atambajew, *Präsident von Kirgisistan*

M 5   Zitate

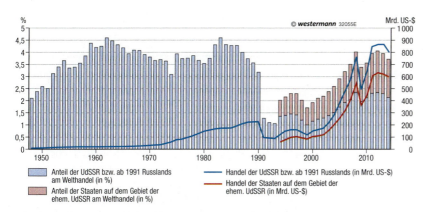

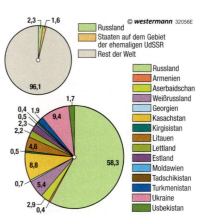

M 6 Handel (Ex- und Import) Russlands und der Nachfolgestaaten der UdSSR und Anteil Russlands und der Nachfolgestaaten der UdSSR am Welthandel 1945–2014

M 11 Anteil am Welthandel und Anteil der Nachfolgestaaten an diesem Handel 2014

	BIP (in Mrd. US-$)	BIP/Ew. (in US-$)	durchschnittliches Wirtschaftswachstum (in %)			Anteil LW/I/DL (in %)	Export (in Mrd. US-$)	Import (in Mrd. US-$)	Anteile an Exporten (in %)	
			1991–1999	2000–2009	2010–2013				Bergbau	Erdöl/-gas
Russland	2 096,8	14 612	-4,4	5,5	3,4	3,9/36,3/59,8	523,3	343,0	4,7	71,2
Armenien	10,4	3 505	-3,4	8,7	4,4	21,9/31,5/46,6	1,5	4,5	39,6	6,1
Aserbaidschan	73,6	7 812	-5,8	15,9	3,2	5,7/62,1/32,3	31,8	11,2	0,5	93,0
Georgien	16,1	3 597	-6,7	5,9	5,7	9,4/24,0/66,6	2,9	7,9	7,5	3,4
Kasachstan	231,9	13 612	-3,6	8,6	6,5	4,9/36,9/58,2	82,5	48,9	10,1	76,2
Kirgisistan	7,2	1 263	-3,9	4,8	4,0	17,7/26,7/55,6	1,8	6,1	5,3	20,6
Tadschikistan	8,5	1 037	-7,8	8,4	7,2	27,4/21,7/50,8	1,2	4,1	k.A.	k.A.
Turkmenistan	41,9	7 987	-2,7	7,4	11,3	14,5/37,0/48,41	18,0	10,0	k.A.	k.A.
Usbekistan	56,8	1 878	-0,6	6,5	8,2	19,1/26,3/54,6	12,6	13,0	k.A.	k.A.

BIP = Bruttoinlandsprodukt; LW = Landwirtschaft; I = Industrie; DL = Dienstleistungen; ¹ 2012

M 7 Wirtschaftsdaten von Russland und den asiatischen Nachfolgestaaten der Sowjetunion (2013)

	Exportgüter
Russland	Erdöl und -produkte 43 %, Erdgas 9 %, Kohle, chemische Erzeugnisse , Eisen u. Stahl, Nichteisen(NE)-Metalle, Gold, Holz
Armenien	Kupfer 19 %, Ferrolegierungen 8 %, Gold, andere Edel- und Halbedelmetalle, Diamanten, Nahrungsmittel, Spirituosen, Flugzeuge, Tabak
Aserbaidschan	Rohöl 88 %, Erdölprodukte 5 %, Erdgas 3 %, Obst/Gemüse, andere Agrarprodukte
Georgien	Pkw 18 %, Erdölprodukte 11 %, Ferrolegierungen 8 %, Stickstoffdünger, Kupfer, Gold, Nüsse, Wein
Kasachstan	Erdöl 71 %, NE-Metalle 6 %, Rohstoffe, Erdgas, chemische Erzeugnisse, Uran
Kirgisistan	Gold 34 %, lebende Tiere, Nahrungsmittel 11 %, mineralische Erzeugnisse 11 %, Textilien 9 %, NE-Metalle, Erdöl- und -produkte
Tadschikistan	Aluminium 59 %, Baumwolle, Nahrungsmittel, Zucht- und Naturperlen, Edel- und Halbedelsteine, Edel- und Halbedelmetalle
Turkmenistan	Erdgas 81 %, Erdöl und -produkte 12 %, Baumwolle 4 %
Usbekistan	Baumwolle 15 %, Pkw 15 %, Nahrungsmittel, Kupfer, Erdöl und -produkte, Textilien, Dünger, Uran, Gold

M 8 Exportprodukte Russlands und der asiatischen Nachfolgestaaten der Sowjetunion 2014

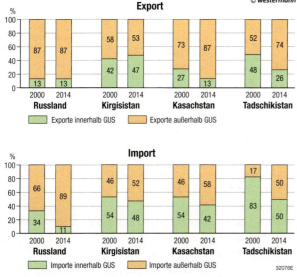

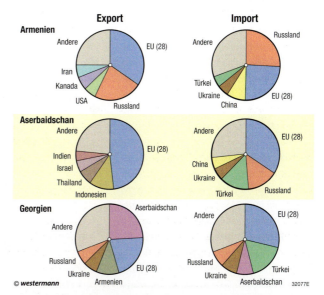

M 9 Ex- und Importe ausgewählte GUS-Staaten 2000, 2014

M 10 Handelspartner Armeniens, Aserbaidschans und Georgiens 2013

4.10 Übungsklausur

Sonderwirtschaftszonen in Russland – Beispiel Kaliningrad

1. Beschreiben Sie die räumliche Lage und die Funktionen der Sonderwirtschaftszonen in Russland.
2. Analysieren Sie die besondere geographische Lage sowie die wirtschaftsräumlichen Strukturen der Oblast Kaliningrad als Teil Russlands.
3. Anfang des Jahres 2015 wurde die Sonderwirtschaftszone Kaliningrad aus dem Förderprogramm des Russischen Föderationsrates herausgenommen. Nehmen Sie Stellung zu dieser Entscheidung.

M1   Atlaskarten nach Wahl

Das nördliche Ostpreußen wurde am Ende des Zweiten Weltkrieges von der Sowjetunion erobert und annektiert. Die völlig zerstörte Stadt Königsberg wurde in Kaliningrad umbenannt. Das Verwaltungsgebiet (Oblast) Kaliningrad war bis 1991 das Hauptquartier der Sowjetischen Ostseeflotte und eine abgeriegelte militärische Sicherheitszone. Seit dem Zerfall der Sowjetunion 1991 ist das Gebiet Kaliningrad eine Exklave der Russischen Föderation, die als Folge der EU-Osterweiterung 2004 heute von den EU-Mitgliedsstaaten Polen und Litauen umschlossen wird.

- Einwohnerzahl insgesamt: 954 773 (davon ca. 430 000 in der Stadt Kaliningrad)
- Fläche: 15 150 km², (z. Vgl.: Schleswig-Holstein = 15 799 km²)
- BIP pro Kopf: umgerechnet 6034 Euro
- Arbeitslosenquote: offiziell 6,0 % (2013)
- Inflationsrate: 4,1 % (2013)
- Durchschnittlicher Monatslohn (qualifizierte Arbeit): ca. 570 Euro
- Durchschnittlicher Monatslohn (einfache Arbeit): ca. 340 Euro
- HDI 2010: 0,786 – 0,797 (unterer mittlerer Bereich)

M2   Allgemeine Daten zum Gebiet Kaliningrad

Der Föderationsrat der Russischen Föderation hat Ende Januar 2006 das Gesetz „Über die Sonderwirtschaftszone im Gebiet Kaliningrad" gebilligt. Firmen, die in der Freihandelszone investieren, haben folgende Vorteile:
- *Gewinnsteuerbefreiung während sechs Jahren,*
- *reduzierte Gewinnbesteuerung für Investitionsprojekte für Deviseninländer (vom 7. bis zum 12. Jahr 50 % des regulären Gewinnsteuersatzes),*
- *Befreiung von Steuern auf das Vermögen, das die Firma im Laufe ihrer Tätigkeit in Kaliningrad erwirbt.*

Der Status der Sonderwirtschaftszone bietet folgende Vorteile:
- *Güter, die dort produziert werden, können zollfrei exportiert bzw. nach Russland gebracht werden.*
- *Güter, die nach Kaliningrad importiert werden und dort bleiben, sind zollfrei.*
- *Ansonsten gelten die russischen Zollgesetze.*

Zu dem bedeutenden ausländischen Investment, der BMW-Montage, sind mehrere größere Vorhaben hinzugekommen: die Geländewagenproduktion von General Motors sowie eine litauische Fabrik (SNAIGE) zur Kühlschrankherstellung.
Quelle: Handelkammer Hamburg: Kaliningrad/Königsberg

M5   Quellentext zur Sonderwirtschaftszone (SWZ) Kaliningrad

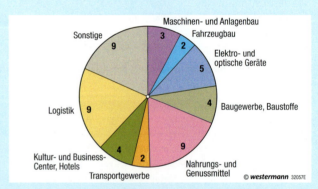

M6   Struktur der Residenten der SWZ Kaliningrad (2008)

Im Zeitalter einer fortgeschrittenen Globalisierung stellen Freihandels- und Sonderwirtschaftszonen (…) innerhalb einer neuen internationalen Arbeitsteilung viel versprechende Instrumente der Wirtschaftsförderung dar. Mit besonderen Anreizen, wie Steuervergünstigungen, besonderen Zollkonditionen oder erleichterten Ein- und Ausfuhrregulierungen, sollen Produktionsstandorte attraktiv gemacht und ausländisches Kapital und Know-how angezogen werden. Ziel der Anbieterländer ist die Steigerung der regionalen Wertschöpfung. Eine Einbettung der Industrien wird deshalb (…) explizit angestrebt. Ebenso hat sich die Motivation der Investoren gewandelt: Der Zugang zu bisher nicht oder nur schlecht erreichbaren Märkten scheint ein nicht unwesentliches Kriterium für Investitionen in Sonderwirtschaftszonen zu sein.
Quelle: Göler, D., Levchenkov, A.: Sonderwirtschaftszonen (…). Geographische Rundschau 2/2012

M3   Quellentext zu Sonderwirtschaftszonen

M4   Kaliningrad: Wirtschaft

Zwar ist es [in Kaliningrad] *seit der Jahrtausendwende gelungen, das Bruttoregionalprodukt pro Kopf zu steigern, aber im vergangenen Jahr betrug es dennoch erst 80% des nationalen Durchschnitts und 30% dessen, was die Einwohner der Hauptstadt Moskau erwirtschaften. (…) Dabei gilt schon seit 1996 in der zwischen Polen und Litauen eingeklemmten Region von der halben Fläche Belgiens ein spezielles Wirtschaftsregime. (…) Das blieb nicht ohne positive Folgen: Der Autohersteller Avtotor hat sich in Kaliningrad angesiedelt und fertigt oder montiert Fahrzeuge ausländischer Marken wie Kia, General Motors oder BMW. (…) Ähnliche Erfolge gab es bei der Herstellung und dem Export von Elektrogeräten. Allerdings ging der Wettbewerbsvorteil Kaliningrads in diesem Markt im Jahr 2008 verloren, weil das Kernland seinen Einfuhrzoll auf benötigte Bauteile reduzierte. Und auch die übrigen Zollprivilegien werden bald verschwinden, denn aufgrund des Beitritts zur Welthandelsorganisation (WTO) im Jahr 2012 muss Russland Kaliningrads Sonderstatus in Handelsfragen 2016 aufheben. Dann werden die höheren Arbeitskosten als im Kernland stärker ins Gewicht fallen, ebenso wie die aufgrund der Entfernung hohen Logistikkosten. Wenn der Wettbewerbsdruck steigt, muss Kaliningrad gerüstet sein. Temporäre Handelsvorteile allein sind eben keine Garanten für Erfolg, wenn die übrigen Rahmenbedingungen nicht stimmen: Trotz manch neuer Autobahn ist die Infrastruktur verbesserungsbedürftig; die Preise sind hoch, besonders für Energie. Hinzu kommen „typische" Probleme wie Korruption und Bürokratie, die in der abgeschnittenen Provinz stärker blühen können als in den mehr beachteten Landeszentren.*
Quelle: Triebe, B.: Wie Kaliningrad – nur schlimmer. Neue Zürcher Zeitung 30.10.2014

M 7   Quellentext zur wirtschaftlichen Lage Kaliningrads

M 8   Sonderwirtschaftszonen in Russland (Stand 2015)

Zone	Schwerpunkte	Zone	Schwerpunkte
Tatarstan (Alabuga)	Fahrzeugbau, Kfz-Teile, Anlagenbau, Petrochemie, Baumaterialien, Konsumgüter	Dubna	Kernphysik, Nanotechnologie, IT, Bio- und Medizintechnik, neue Materialien, Design komplizierter technischer Systeme
Gebiet Samara (Togliatti)	Fahrzeugmontage, Kfz-Teile, Maschinenbau, Baumaterialien, Konsumgüter	Sankt Petersburg	Medizintechnik, Informations- und Telekommunikationstechnik, Nanotechnik, Herstellung von Präzisionswerkzeugen
Gebiet Swerdlowsk	Luft- und Raumfahrt, Produzenten von Teilen aus Titan, Baumaterialien, Maschinenbau	Tomsk	IT/Elektronik, Bio- und Medizintechnik, Nanotechnik/Nanomaterialien, ressourcenschonende Technologie
Wladiwostok	Fahrzeugmontage, Fertigung von Kfz-Teilen, Elektronik, IT-Ausrüstungen, Medizintechnik, Bautechnik	Tatarstan (Innopolis)	Informations- und Telekommunikationstechnik, Nano-, Bio- und Medizintechnik
Lipezk	Hersteller von Energieausrüstungen, Fahrzeugen, Kfz-Teilen, Haushaltstechnik, Medizintechnik, Baumaterialien, Nanotechnik	Gebiet Uljanowsk	Flughafen Uljanowsk-Wostotschny
Gebiet Pskow (Moglino)	Schienentechnik, Kommunaltechnik, Landwirtschaftstechnik, Kfz-Zulieferbetriebe, Elektrotechnik, Heimelektronik, Baumaterialien Logistik, Verpackung	Region Chabarowsk	Hochseehafen Sowjetskaja Gawan
Gebiet Kaluga (Ljudinowo)	Medizintechnik, Kfz-Teile, Ausrüstungsbau	Gebiet Murmansk	Güterumschlag von Schiene auf Schiff, Reparaturwerft, Fischverarbeitung
Zelenograd	Unternehmen der Mikro- und Nanoelektronik, für energiesparende Technologien und zur alternativen Energieversorgung, IT, Nanotechnologie		

M 9   Schwerpunkte der Sonderwirtschaftszonen in Russland

Zusammenfassung

Der Umbruch 1991 in der Sowjetunion

In den 1980er-Jahren strebten die Ostblockstaaten zunehmend nach Unabhängigkeit – allen voran Polen und Ungarn. Unübersehbar war im wirtschaftlichen Bereich der technologische Rückstand gegenüber dem Westen. Staatspräsident Michail Gorbatschow konnte mit seinem Reformprozess die Auflösung der Union der Sozialistischen Sowjetrepubliken (UdSSR) nicht mehr verhindern. Wegen der wirtschaftlichen Abhängigkeit von Russland traten bis auf die Baltischen Staaten die europäischen und asiatischen Nachfolgestaaten zunächst der Gemeinschaft Unabhängiger Staaten (GUS) bei. Die Wirtschaft wurde privatisiert und liberalisiert und von der Zentralverwaltungswirtschaft zur Marktwirtschaft umgebaut (Transformation). Dies betraf alle drei Wirtschaftssektoren, wobei der Transformationsprozess noch immer nicht abgeschlossen ist.

Die Landwirtschaft (Primärer Sektor)

Vor 1991 war die sowjetische Landwirtschaft verstaatlicht bzw. kollektiviert (Sowchosen und Kolchosen). Es herrschten Großbetriebe mit weit mehr als 6000 ha Fläche vor. Dies hat sich durch den marktwirtschaftlichen Umbau nicht geändert, obwohl die Großbetriebe Land zur Betriebsgründung an „Neueinrichter" abgeben mussten. Die privaten Betriebe sind meist zu klein (unter 100 ha) und leiden unter Kapitalknappheit. Betriebe wurden wieder aufgegeben; große Flächen fielen brach. Der Staat stützt die Landwirtschaft. Immerhin konnte die Importabhängigkeit beseitigt werden. Die Eigenversorgung (privater Nebenerwerb) spielt weiterhin eine große Rolle.

Die Industrie (Sekundärer Sektor)

1991 brach auch das Verarbeitende Gewerbe ein. Hightech-Standorte wie Nowosibirsk scheinen dem zu widersprechen. Insgesamt war aber das Verarbeitende Gewerbe unter marktwirtschaftlichen Bedingungen nicht konkurrenzfähig. Betriebe wurden aufgegeben (Deindustrialisierung). Die westlichen Automobilkonzerne verlegen ihre Produktion zunehmend zu ihren Kunden. So entstand in Kaluga ein Cluster mit VW und einigen Zulieferindustrien. Eine Reindustrialisierung der russischen Wirtschaft steht aber noch aus.

Der Dienstleistungsbereich (Tertiärer Sektor)

Zunehmend spielt in Russland im Dienstleistungsbereich der Tourismus eine Rolle (Altai – Gebirge, Baikalsee). Hemmschuh für die Entwicklung sind die Entfernungen zu den Großstädten und die schlechte Verkehrsanbindung. Die Anpassung der Russen an westliche Konsumgewohnheiten wird weiter zunehmen und somit wird innerhalb der Dienstleistungen die Bedeutung des Bereiches „Freizeit, Unterhaltung, Kultur" wachsen. Inzwischen überwiegen die russischen Handelsketten gegenüber den westlichen. Die vielen kleinen privaten Einzelhandelsgeschäfte in den Städten zeigen, dass die Verstaatlichung des Dienstleistungssektors überwunden ist.

Wirtschaftliche Verflechtungen

Die wirtschaftliche Abhängigkeit der einzelnen asiatischen Nachfolgestaaten der UdSSR von Russland ist groß. Ihre Importe verlaufen weitestgehend nur innerhalb der GUS. In den Regalen der Läden finden sich nahezu nur russische Waren. Die Kaufkraft der Bevölkerung ist aber gering. Bedeutend ist für diese Staaten der Geldtransfer der Gastarbeiter in Russland an ihre Verwandten. Nicht so deutlich ist die Abhängigkeit beim Export. Russland verfügt über riesige Rohstoffressourcen; dies sind aber auch die Exportprodukte der asiatischen Nachfolgestaaten. Die russischen Importe aus der GUS sind in den letzten 15 Jahren deutlich gefallen. Haupthandelspartner Russlands ist Deutschland. Mit den Öleinnahmen werden Maschinen finanziert. Wegen der ungünstigen Wirtschaftsstruktur ist der Anteil Russlands am Welthandel gemessen an dem Rohstoffpotenzial äußerst gering.

Kompetenzcheck

Kompetenzbereich Fachwissen		Kapitel
Fachmodul	• Anthropogeographische Faktoren (z. B. politische Gliederung) (FM 1)	4.1
	• Indikatoren des Entwicklungsstandes (FM 2)	4.1
	• Sozial- und wirtschaftsräumliche Disparitäten (FM 2)	4.1, 4.5, 4.8, 4.9
	• Auswirkungen des Strukturwandels in Landwirtschaft, Industrie und Dienstleistungen (FM 2)	4.2 – 4.8
	• Wachstumsimpulse, vor allem durch Neue Technologien und Tourismus (FM 2)	4.7, 4.8
	• Ursachen und Erscheinungsformen regionaler, internationaler und globaler Verflechtungen (FM 2)	4.9
	• Stellenwert von Räumen in der Weltwirtschaft (FM 2)	4.1, 4.9
	• Agrarische Tragfähigkeit und Ernährungssicherung (FM 3)	4.3, 4.4
	• Pflanzliche, mineralische und energetische Rohstoffe (FM 3)	4.2 – 4.4
	• Entwicklungspotenziale und Perspektiven (FM 3)	4.4 – 4.9
Raummodul	• Der Transformationsprozess und seine wirtschaftsstrukturellen Auswirkungen (RM 9)	4.1 – 4.6, 4.9
	• Russlands wirtschaftsräumliche Verflechtung mit Nachfolgestaaten der früheren Sowjetunion (RM 9)	4.1, 4.9

Weiterführende Literatur und Internetlinks

Diercke Regionalatlas Russland
• Wirtschaft Russland
• Regionale Wirtschaftsstruktur Russland
• Wirtschaft Region Samara

Statistikportal der Weltbank mit vielen Wirtschaftsdaten
• http://data.worldbank.org

Statistikportal der UN Conference of Trade and Development
• www.unctad.org

Statistikportal der Welthandelsorganisation WTO
• http://stat.wto.org

Statistikportal der Ernährungs- und Landwirtschaftsorganisation der Vereinten Nationen (FAO)
http://faostat3.fao.org

Federal Agency of Tourism (Russland)
• www.russiatourism.ru/en/

Verbindliche Operatoren

Anforderungsbereich I	Anforderungsbereich II	Anforderungsbereich III
beschreiben strukturiert und fachsprachlich angemessen Materialien vorstellen und/oder Sachverhalte darlegen **gliedern** einen Raum, eine Zeit oder einen Sachverhalt nach selbst gewählten oder vorgegebenen Kriterien systematisierend ordnen **wiedergeben** Kenntnisse (Sachverhalte, Fachbegriffe, Daten, Fakten, Modelle) und/oder (Teil-)Aussagen mit eigenen Worten sprachlich distanziert, strukturiert und damit unkommentiert darstellen **zusammenfassen** Sachverhalte auf wesentliche Aspekte reduzieren und sprachlich distanziert strukturiert und unkommentiert wiedergeben	**analysieren** Materialien, Sachverhalte oder Räume kriterienorientiert oder aspektgeleitet erschließen und strukturiert darstellen **charakterisieren** Sachverhalte in ihren Eigenarten beschreiben, typische Merkmale kennzeichnen und diese dann gegebenenfalls unter einem oder mehreren bestimmten Gesichtspunkten zusammenführen **einordnen** begründet eine Position/Material zuordnen oder einen Sachverhalt begründet in einen Zusammenhang stellen **erklären** Sachverhalte so darstellen – gegebenenfalls mit Theorien und Modellen –, dass Bedingungen, Ursachen, Gesetzmäßigkeiten und/oder Funktionszusammenhänge verständlich werden **erläutern** Sachverhalte in ihren komplexen Beziehungen an Beispielen und/oder Theorien verdeutlichen (auf Grundlage von Kenntnissen bzw. Materialanalyse) **vergleichen** Gemeinsamkeiten, Ähnlichkeiten und Unterschiede von Sachverhalten kriterienorientiert darlegen	**beurteilen** den Stellenwert von Sachverhalten oder Prozessen in einem Zusammenhang überprüfen, um kriterienorientiert zu einem begründeten Sachurteil zu gelangen **entwickeln** zu einem Sachverhalt oder zu einer Problemstellung eine Einschätzung, ein konkretes Lösungsmodell, eine Gegenposition oder ein Lösungskonzept inhaltlich weiterführend und/oder zukunftsorientiert darlegen **erörtern** zu einer vorgegebenen Problemstellung eine reflektierte, abwägende Auseinandersetzung führen und zu einem begründeten **Sach-** und/oder **Werturteil** kommen **Stellung nehmen** Beurteilung mit zusätzlicher Reflexion individueller, sachbezogener und/oder politischer Wertmaßstäbe, die Pluralität gewährleisten und zu einem begründeten eigenen **Werturteil** führen

Register

fett = definierender oder erläuternder Text

Quellenverzeichnis

10 M 2 http://de.wikipedia.org/wiki/Sibirien
10 M 6 Hans-Henning Schröder: Vom Kiewer Reich bis zum Zerfall der UdSSR. In: Russland (Informationen zur politischen Bildung, Heft 281), Bonn: Bundeszentrale für politische Bildung 2003, S. 8 ff
14 M 5 Jörg Stadelbauer: Russlands Geografie. Landschaftszonen, Bodenschätze, Klimawandel und Bevölkerung. In: Pleines, Heiko; Schröder, Hans-Henning (Hrsg): Länderbericht Russland Bundeszentrale für politische Bildung, 2010, S. 11–28
17 M 9 Jörg Stadelbauer: Die Nachfolgestaaten der Sowjetunion. Darmstadt: WBG 1996
18 M 1, 19 M 8 Alfred-Wegener-Institut für Polar- und Meeresforschung: Der Arktis-Klima-Report. Hamburg: Convent 2005
20 M 2 Russland stationiert Abwehrraketensysteme in der Arktis. dpa 6.4.2015
20 M 4 Alfred-Wegener-Institut für Polar- und Meeresforschung: Der Arktis-Klima-Report. Hamburg: Convent 2005

21 M 6 Benjamin Bidder, Matthias Schepp, Gerald Traufetter: Arktisches Roulette. Der Spiegel 20.8.2012
22 M 4 http://de.wikipedia.org/wiki/Baikalsee#Naturschutz
23 M 8 Christiane Oelrich: Great Barrier Reef: Weltnaturerbe in Gefahr. Westdeutsche Zeitung 6.6.2014
29 M 7 Philippe Descamps: Der demographische Niedergang – Alkohol, Gewalt und eine schlechte Gesundheitsversorgung. In: Edition Le Monde diplomatique: Russland. In Putins Reich. Nr. 13/2013, S. 24-27
29 Zitat Alles teurer, nur Wodka billiger. www.tageschau.de 10.1.2015
31 M 8 Natalja E. Tichonova: Armut in Russland. Russland-Analysen Nr. 222, 17.6.2011
31 Zitat Ulrich Heyden, Ute Weinmann: Opposition gegen das System Putin – Herrschaft und Widerstand im modernen Russland. Zürich: Rotbuchverlag 2009
31 Zitat Medwedew macht Kampf gegen Armut zur Hauptaufgabe. Russland Aktuell 24.4.2012
32 M 2 Pascal Marchand: Atlas géopolitique de la Russie. Nouvelle édition augmentée. Paris: Editions Autrement 2012. Übersetzung: Winfried Waldeck
33 M 4 Michael Ludwig.: Die tatarische Tannenbaumdebatte. Frankfurter Allgemeine Zeitung 27.12.2012
33 M 7 Kalmückien, die Rückkehr der Mönche. 360°- GEO Reportage www.geo.de
34 M 1 Nordkaukasus: Vielvölkerregion und Pulverfass. In Fischer Weltalmanach 2015. Frankfurt am Main: Fischer 2014, S. 376–377
37 M 7 Kadykchan. www.atlasobscura.com/places/kadyckchan
37 M 9 Michael Ludwig, M.: Ende der Selbstgewissheit – Der Niedergang des ländlichen Raums in Russland. Frankfurter Allgemeine Zeitung 15.5.2013, S. 8
39 M 7 Pascal Marchand: Atlas géopolitique de la Russie. Nouvelle édition augmentée. Paris: Editions Autrement 2012, S. 75 Übersetzung: Winfried Waldeck
41 M 8 Marchand 2012
42 M 3 Franz Fürst, Ursus Himmelbach, Petra Potz: Leitbilder der räumlichen Stadtentwicklung im 20. Jahrhundert. Institut für Raumplanung Dortmund 1999
43 M 5 Jürgen Bähr, Ulrich Jürgens: Stadtgeographie II. Braunschweig: Westermann 2009, S. 157
43 M 8 Jean Radvanyi, Olga Vendina: Boomtown Moskau: Hauptstadt in städtebaulichen, politischen und sozialen Spannungsfeldern. Geographische Rundschau 11/2011, S. 15
44 M 5 Radvanyi, Vendina 2011, S. 16 - 17
45 Zitat Deutsche Unesco Kommission www.unesco.de

46 M 2 Fischer Weltalmanach 2015. Frankfurt am Main: Fischer 2014, S. 378

51 M 8 Angelina Davydova: Nachhaltigkeit in Russland. BMW-Stiftung 1.8.2013

55 Zitat Experten warnen: Russlands Wirtschaft zu abhängig von Rohstoffen. sputniknews.com 14.3.2013

55 Zitat Malte Fischer: „Das Modell der BRIC-Länder funktioniert nicht mehr" Wirtschaftswoche 30.7.2013

55 Zitat Philip Hanson:Analyse: Der Russische Staatshaushalt: Warum die ganze Aufregung? Russland-Analysen Nr. 247 16.11.2012

55 M 9 Olga Samofalowa: Seltene Erden für Russland immer wertvoller. Russia beyond the headlines 5.11.2012

55 M 7 Hintergrundtext zur Öl- und Gasförderung in Westsibirien. Gesellschaft für bedrohte Völker 6/2005 www.gfbv.de

55 M 10 Benjamin Triebe:: Ein Schatz, so nah und doch so fern. Neue Zürcher Zeitung 12.7.2014

57 M 5a Russland beginnt Bau von Gaspipeline nach China. dpa 1.9.2014

57 M 5b Russisches Gas für China. www.news.at 21.5.2914

57 M 9 Pressemitteilung EU-Kommission 18.1.2013 http://teas.eu/de

59 M 8 Katrin Ganswindt, Sebastian Rötters, Heffa Schücking: Bitter Coal. Urgewald 4/2013, S. 17

59 M 9 Monika Hollacher: „Wir rucken naher an die asiatischen Exportmarkte heran" Impuls 3/2013, S. 8

61 M 9a Kulbaram Urazova, Peter Buchholz: Das mineralische Rohstoffpotenzial der russischen Arktis. DERA Rohstoffinformationen 2012, S. 12

61 M 9b Christine Haiden: Brrr! Vom Leben in der gefrorenen Stadt. Welt der Frau 1/2015

63 M 8 Maria Tysiachniouk: Die FSC-Wald-Zertifizierung in Russland: Das Zusammenspiel von staatlichen und nichtstaatlichen Akteuren. Russlandanalysen 246 15.6.2012, S. 2

63 M 9a WWF: Amur-Region – Kalte Urwälder mit Tigern. www.wwf.de

63 M 9b WWF: Illegal logging in the russian far east. Global demand and taiga destruction, S. 3

63 M 12 Homepage FSC Deutschland www.fsc-deutschland.de

65 M 8a In Russland ist keine Energiewende in Sicht. www.gtai.de 9.5.2014

65 M 8b Bernd Hones und Edda Wolf: Russland investiert Milliarden in neue Kraftwerke. www.gtai.de 22.3.2013

65 M 9 Diercke Handbuch. Braunschweig: Westermann 2008, S. 88

67 Zitat Appell aus Usbekistan: Rettet den Aralsee! Der Spiegel 29.10.2014

67 M 11 Und irgendwann ist der Aralsee weg. Neue Zürcher Zeitung 20.7.2003

68 M 1 www.kasachstan-tourismus.de/expo2017

69 M 10a Diana Dittmer: Uranpreis-Explosion kommt Moskau gelegen. NTVnews 19.11.2014

69 M 10b Markus Bensmann.: Almaty hat keinen Tahrirplatz. Die tageszeitung 2.4.2011

69 M 10c Sustainable Development Knowledge platform sustainabledevelopment.un.org

69 M 10d Christian Meier: Uran gibt es reichlich, aber die Förderung ist schwierig. Die Zeit 25.7.2010

72 Luise Althanns: Die Eröffnung des ersten McDonald's in Moskau, 2007 www.europa.clio-online.de

74 M 1 Winfried Waldeck, Frank Morgeneyer u.a.: USA/Kanada – Russland/Ukraine. Braunschweig: Schroedel 2004, 2.138

75 M 10 Tobias Zihn: Altai – Landflucht und Verarmung. ORNIS 24.5.2005

77 M 10 Sophie Peter: Ungenutzt nützlich: Russlands Brachflächen, 2014 www.leibniz-gemeinschaft.de

77 M 11 Friederike Werner: Grüne Wende. Deutsche Moskauer Zeitung www.mdz-moskau.eu

78 M 2 Felix Rohrbeck: Putins Landwirtschaft nach Plan. Die Zeit 22.1.2015

78 M 5 GTAI: Russlands Landwirte sollen Verbraucher selbst versorgen 11.12.2014 www.gtai.de

79 M 9 GTAI: Russlands Landwirte sollen Verbraucher selbst versorgen www.gtai.de 11.12.2014

79 M 12 Felix Rohrbeck: „Ich habe Putin zu Sanktionen geraten". Die Zeit 14.8.2014

80 M 5 Rudolf Traub-Merz: Öl oder Autos – Chancen einer Re-Industrialisierung Russlands. Studie Friedrich-Ebert-Stiftung Februar 2015, S. 3

81 M 11a Eduard Steiner: Der wundersame Aufstieg der Kaluga-Region. Die Welt 19.7.2012

81 M 11b Volkswagen fährt wegen Absatzkrise Produktion in Russland zurück. dpa-Meldung 23.3.2015

82 M 2 Russland käst sich durch. Frankfurter Allgemeine Zeitung, 26.05.2015

83 M 11 Vera Belaya, Taras Gagalyu: Der wachsende Lebensmittelmarkt in Russland: Kampfarena zwischen ausländischen und einheimischen Handelsriesen. Russlandanalysen 10/195 29.1.2010, S. 2

83 M 12 Eduard Steiner: Der brillante Milliardär hinter „Russlands Aldi". Die Welt 18.3.2013

84 M 1 Hermann Zöllner: Reisehandbuch Sibirien. Welver: Conrad Stein Verlag 1996

84 M 3 The Ministry of Culture of the Russian Federation: Federal Agency for Tourism: Republic of Altai. www.russiatourism.ru

84 M 4 Jürgen Herget,Christiane Thurmann: Der Altai, die (touristische) Schweiz Sibiriens. Geographische Rundschau 1/2011, S. 37

85 M 8 Das erste Casino in Sibirien wird eröffnet. http://casinoechtgeld.de

85 M 9 Jürgen Herget, Christiane Thurmann: Der Altai, die (touristische) Schweiz Sibiriens. Geographische Rundschau 1/2011, S. 40 – 41

86 M 1 Innovation Center Koltsovo: Novosibirsk Region. 2012 http://kolcovo.ru

87 M 4 Sabine Tzschaschel, Christian Hanewinkel: Der mitteldeutsche Wirtschaftsraum zwischen industriellen Netzwerken und Marketingkonstruktion Geographische Rundschau 6/2007, S. 18 – 27

87 M 7 Norbert Schott: Wo die Wissenschaft zuhause ist. Moskauer Deutsche Zeitung 2.2.2015

88 M 2 Eduard Steiner: Russische Krise springt auf die Nachbarstaaten über. Die Welt 20.1.2015

88 M 4 Benjamin Triebe: Moskau bittet Kirgistan zur Zwangsehe. Frankfurter Allgemeine Zeitung 1.5.2015

90 M 3 Daniel Göler, Andrey Levchenkov: Sonderwirtschaftszonen als Erneuerungsstrategie für Altindustrieäume Russlands. Geographische Rundschau 2/2012, S. 21

90 M 5 Handelskammer Hamburg: Kaliningrad/Königsberg www.hk24.de

91 M 7 Benjamin Triebe: Wie Kaliningrad – nur schlimmer. Neue Zürcher Zeitung 30.10.2014

Abbildungsverzeichnis

21 M5, M7 Westermann
22 M5 Westermann
26 M2 Waldeck 2015
27 M4, M5 Westermann
28 M1, M4 UN Population Prospects 2014
28 M2 Population Reference Bureau 2014, UN 2014
28 M3 Westermann (Daten: UN)
29 M5 Rosstat
29 M6 WHO
29 M8 Westermann (Daten: UN)
29 M10, M11 WHO 2015
29 M11 Westermann
30 M1 World Bank 2015
30 M2 Westermann (Daten: World Bank)
30 M4 The Wealth Report 2014
30 M5 Bank of Finland 2015
30 M7 World Bank 2015
30 M9 Westermann (Daten: World Bank)
30 M10, M12 Rosstat
32 M1, M5 Westermann
35 M4 Westermann, Le Monde diplomatique
35 M5 Fischer Weltalmanach 2015
35 M7 Word Bank, SIPRI, UN, UNDP
36 M1 Rossstat, Raiffeisen RESEARCH
36 M2 Westermann (Daten: UN)
36 M3 OECD
37 M4,M5 Rosstat
38 M1 Westermann
38 M2, M3, M4 Rosstat
39 M6 Westermann
40 M1, M4 UN 2015
41 M5 Westermann, UN 2015
41 M6 nach Brade, Schulz 2003
41 M7 Brade 2004
42 M1 Westermann, Stadelbauer
43 M6 Westermann, Stadelbauer
44 M1 UN, diverse Quellen
44 M2 Rosstat
45 M7 Westermann
47 M5 Westermann
50 M1 Westermann
50 M2 Südwind 2014
50 M3 ENEP
51 M4, M7 Westermann
51 M5 World Mining Data 2014
51 M6 World Bank 2015
52 M1 USGS 2015
52 M2 World Bank 2015
52 M4 BGR
52 M5 IMF 2015
53 M6 Westermann
53 M8 Ökoinstitut
54 M1, M5 BP Statistical Review of World Energy 2014
54 M3 Westermann
54 M4 Opec, BP
55 M8, M11 IEA
55 M9 Westermann
56 M1, M3 Westermann
57 M4 Gazprom 2014

57 M8 Westermann (Daten: Eurostat)
57 M7 BP 2014
58 M1 Westermann
58 M2,M6 BP 2014
58 M5 Rosstat
59 M7 Westermann
60 M1 Westermann
60 M2 Norilski-Nickel, USGS
60 M3, M6, M7 Rosstat
61 M10 Norilski-Nickel
62 M1, M2 Russische Staatliche Forstverwaltung
62 M5,M6, M7 FAO
64 M1, M3, M5 Westermann
64 M2 IEA 2015
64 M6 Wikipedia
65 M7 Westermann
65 M11 GTAI
66 M1, M2 Westermann
66 M4, M5 UNEP
67 M7, M10 Westermann
68 M2 World Bank 2015
68 M3, M7, M8 World Nuclear Association
68 M5, M6 WTO
72 M2 World Bank
72 M3 Rosstat
73 M4 Westermann
73 M5, M6, M7 Bertelsmann Stiftung
74 M2 World Bank
74 M5, M6 Rosstat
75 M7 Westermann
75 M9 Rosstat
76 M1, M2, M3, M6 Rosstat
76 M4, M5 FAO
77 M9 FAO
77 M12 Euromonitor International
78 M1, M3, M4 FAO
78 M6 Rosstat
79 M8, M11 Eurostat
80 M1 World Bank
80 M2, M3 Rosstat
81 M6, M9 OICA
81 M8 Westermann
81 M10 Traub-Merz 2015
82 M1 Lewada-Zentrum
82 M3 World Bank
82 M4, M5 Rosstat, Stat. Bundesamt
83 M7, M8 Rosstat
83 M9 Euromonitor International
83 M10 diverse Quellen
85 M7 Westermann
86 M2 Westermann
87 M5, M6 Westermann
88 M1 UNCTAD
89 M6, M11 WTO
89 M7 World Bank 2015
89 M8 diverse Quellen
89 M9, M10 GUS Statistics
90 M4 Westermann
90 M6 Göler, Levchenkov 2012
91 M8 Westermann
91 M9 GTAI 2015

Bildnachweis

Balders, Sebastian, Netphen: 7.3;
BASF Bilddienst, Ludwigshafen: 6.1 (Pressefoto);
Bricks, Wolfgang Prof., Erfurt: 17 M8;
dreamstime.com, Brentwood: 23 M7 (Priesen), 44 M4, 86 M3 (Amadeustx);
Ekosem-Agrar GmbH, Walldorf: 16 M3, 74 M3, 79 M7;
FAO - Food and Agriculture Organization of the United Nations, Rom: 62 M3;
fotolia.com, New York: 6.4 (Daniel Prudek), 7.2 (jeffong);
Greenpeace Deutschland e.V., Hamburg: 55 M6 (Denis Sinyakov);
Herget, Jürgen, Bonn: 84 M2, 85 M6;
Institut für Bodenwissenschaften, Göttingen: 17 M6;
iStockphoto.com, Calgary: 3.1, 3.2, 3.4, 5.1, 6.2, 9 M7, 9 M9, 12 M1, 13 M6, 14 M6, 19 M10 (Kruglov), 20 M1, 22 M2 (wrangel), 25.1, 26 M1, 44 M3, 71.1, 80 M4;
Knauf, Nele, Bad Rodach: 77 M7;
Kochevnik, Alexander: 40 M2;
Langer, Marco, Bremen: 19 M6;
NASA, Houston/Texas: 60 M4, 67 M13, 67 M6, 67 M9;
NASA - Earth Observatory: 20 M3a, 20 M3b (Scientific Visualization Studio);
OSCE Aiman Smagulova: 67 M8;
Picture-Alliance GmbH, Frankfurt/M.: 30 M3 (ZB), 72 M1 (AP Photo);
Prishchepov, Alexander V.: 77 M9;
Rieke, Michael, Hannover: 17 M7;
Rosleskhoz, Moskau: 63 M10;
Shutterstock.com, New York: 6.3, 7.1, 7.4, 8 M3, 13 M4, 14 M4, 26 M3, 31 M6, 34 M3, 40 M3, 46 M1, 46 M3, 47 M4, 56 M2, 58 M3, 62 M4 (S.R. Maglione), 79 M10, 83 M6, 88 M3;
Stepanov, Stanislav: 61 M8;
SUEK, Moskau: 3.3, 49.1, 52 M3a, 58 M4;
Timonin, Alexey : 84 M5;
Visum Foto GmbH, Hamburg: 19 M9 (panos picture);
Voith Hydro Holding GmbH & Co. KG, Heidenheim: 64 M4;
Volkswagen AG, Wolfsburg: 81 M7;
Waldeck, Winfried, Dannenberg: 43 M4;
wikipedia.org: 7.5, 14 M3 8 (Vadim Adrianov), 22 M6 (Pertilov), 31 M11 (Ilya Plekhanov), 33 M3 (Yuelsha), 33 M6 (Jialong Gao), 34 M2 (Nino Ozbetelashvili), 37 M6 (Laika ac), 37 M8 (Vmenkow), 39 M5, 42 M2 (Anna Anichkova), 52 M3b (Martin Lee), 54 M2 (Pawel Schawrin), 65 M10 (Egor Kovarsky), 66 M3 (Zhanat Kutenov), 68 M4, 74 M3, 83 M13 (wikiman2020);
Wordle.net: 4.